관상(觀相)

인간 이해의 첫걸음

차례
Contents

들어가며

얼굴은 마음의 거울

잠시 따뜻한 햇볕이 내리쬐는 길가에 엉덩이를 붙이고 앉아 눈앞에 오가는 사람들을 바라보고 있으면 그 생김새가 정말 각양각색이라는 느낌을 지울 수 없다. 작은 원판 위에 오밀조밀 이목구비(耳目口鼻)가 붙어 있는 형상이지만, 그 복잡한 조합과 다양성을 보라. 인간이야말로 뚜렷한 개성을 지닌, 매우 독자적인 존재라는 사실을 인정할 수밖에 없다.

수십 억 인구 중에 같은 얼굴을 가진 사람이 한 명도 없다는 점도 신기하지만(쌍둥이 역시 틀은 비슷해도 실질적으로는 차이가 있다), 각각의 개성이 드러내는 표정의 변화 역시 헤아릴 수 없을 정도로 다양하다는 점을 생각하면 문득, 인간이 얼마나 소중한 존재인지 다시 한 번 되돌아보게 되는 동시에 우주의 탄생과 소멸로까지 사고 영역이 확대된다. 그래서 옛사람들도 인간학을 연구하는 한편, 각 개인의 삶과 운명을 얼굴로 파악하려는 관심을 가졌는지 모른다.

사람이 사람에 대해 관심을 가지는 것은 동물과는 다른, 인간만의 특권적인 배려심 때문이다. '함께' 또는 '같이'라는 공존의식을 바탕으로 '더불어' 살아가는 인간사회에서 '나'가 아닌 '남'에게 관심을 기울이고, 그 삶을 이해하고 배려하는 삶이야말로 우주적 관점에서 볼 때 찰나의 순간에 지나지 않는 우리의 삶에서 가장 중요한 공존의식이라고 할 수 있다. 이와 함께 '나라는 존재가 다른 이에게는 어떻게 보이는가'의 문제 역시 배려의 측면에서 외면할 수 없는 부분이다.

인간의 얼굴은 그 사람을 대변하는 거울과 같다. 기쁨과 슬픔, 분노, 사랑 등의 감정은 표정을 통해 그 사람의 얼굴에 그대로 드러난다. 표정은 자신을 표현하는 거울이기 때문에 항상 마음을 바르고 선하게 유지해야 표정이 밝고 아름답게 갖추어지며, 그 결과 사람과 사람이 서로를 감싸고 이해하면서 함께 살아갈 수 있다. 그래서 관상학에는 '관상(觀相)보다 심상(心相)'이라는 말이 존재한다.

관상의 '상'이 '像'이 아니라 '相'인 이유

 따라서 올바른 마음을 지녀야 밝은 상이 만들어지고, 밝은 마음을 유지해야 긍정적인 상이 만들어진다. 그렇게 밝고 긍정적인 상은 사람을 끌어들이고, 그 결과 인생이 풍요로워지고 행복해질 수 있다. 이는 다른 사람의 상을 살피는 것보다 자신의 상을 제대로 만드는 것이 더 중요하다는 의미이기도 하다.

 선천적으로 타고난 상이 좋든 나쁘든, 이는 자신에게 주어진 '개체'로서의 기본개성일 뿐이다. 그리고 '기본개성을 자신의 주도로 어떻게 만들어 가는가'의 문제는 전적으로 본인에게 달린 문제다. 늘 밝은 사람은 당연히 얼굴에서 웃음기가 떠나지 않을 것이고, 늘 짜증을 내는 사람은 당연히 얼굴이 찌푸려질 수밖에 없다. 따라서 인상이 좋다는 것은 결국 그 사람이 인생을 풍요롭고 슬기롭게 살아가고 있음을 의미하는 것이기도 하다.

 사람을 알면 공존하기 쉽다. 이해할 수 있는 계기가 만들어지고 무엇을 배려해야 하는지를 파악할 수 있기 때문이다. 사람을 파악할 수 있는 가장 직접적인 방식 중 하나는 관상을 보는 것이다. 그래서 옛사람들은 흥미를 갖고 관상을 연구, 발전시켰다.

관상을 한자로 '觀相'이라고 쓰는데, 이는 '상(相, 생김새)을 본다(觀)'는 의미다. 따라서 사람의 얼굴은 '인상(人相)'이고, 그것을 보고 판단하는 것이 관상이다. 그런데 왜 형상과 모양을 나타내는 한자인 '像'을 쓰지 않고 '相'을 썼을까?

그 이유는 부처님의 얼굴을 일반적으로 표현하지 않고, 되도록 높여 표현하는 방식을 채택했기 때문이다. 부처님의 얼굴은 '32상(相) 80종호(種好)'를 갖추었다고 설명하는데, 여기서 '상(相)'과 '호(好)'를 따 '상호(相好)'라 부른다. 이 '상호'에서 얼굴의 생김새를 뜻하는 '相'을 따 '관상'이라고 부르게 되었다. 즉, 관상은 부처님의 얼굴을 기준으로 얼마나 그에 잘 어울리는지를 판단한다는 의미다.

인상의 기준이 부처님의 얼굴이 된 이유는 관상의 발전과정에 있다. 관상의 대표적인 대가로 달마대사(達磨大師)와 마의선사(麻衣禪師)가 있다.

남북조(南北朝) 시대에 남인도에서 중국으로 들어온 달마대사는 선종(禪宗)을 펼치면서『달마상법(達磨相法)』을 전했고, 송나라 사람인 마의선사의 제자 진희이(陳希夷)는『마의상서(麻衣相書)』를 저술했다.『달마상법』과『마의상서』는 관상학의 양대 저서로 알려져 있으며, 현재 가장 많이 활용되고 있는 상법(相法)이기도 하다. 즉, 관상을 널리 알리고 펴뜨린 초기 인물들이 모두 불교와 관련이 있기 때문에 '像'이 아닌 '相'으로 정립하게 된 것이다.

물론 인상학 자체는 한참을 더 거슬러 올라가 주나라 이후 발전되기 시작했다고 알려져 있고, 동방삭(東方朔), 고포자(姑布子), 서복(徐服), 허부(許負), 동중서(董仲舒), 여불위(呂佛緯) 등의 인물들도 있지만, 그 사실을 확인하기는 어려워 현재까지 관상학에서 가장 유명한 인물은 달마대사와 마의선사다.

이후 발전을 거듭한 관상학은 『곽림종관인법(郭林宗觀人法)』『허부식인론(許負識人論)』『귀안경(鬼眼經)』『신상전편(神相全編)』『억비상법(抑庇相法)』『수경상법(水鏡相法)』 등의 저서로 등장한다.

무엇을 볼 것인가?

그렇다면 관상은 무엇을 보기 위해 존재하는 것일까? 한마디로 정리하면 '그 사람을 이해하기 위한 것'이라고 말할 수 있지만, 그 내용은 정말 다양하다.

우선 관상으로 알 수 있는 가장 기본적인 내용은 성격이다. 즉, 사람의 본질과 바탕을 보는 것이다. 다음으로 질병을 볼 수 있다. 얼굴은 마음을 드러내는 거울이면서 동시에 내장의 질병을 보여주는 의학적 판단 기준이기도 하다. 해부학이 발전하기 전에는 얼굴을 통해 많은 질병을 진단했고, 지금도 시진(視診), 망진(望診)이라고 하여 얼굴을 보고 질병을 판단하는 진단법이 활용되고 있다.

또 조금 더 깊이 있게 들어가면, 그 사람의 현재 심리 상태와 그 심리 상태로 인해 나타날 수 있는 운명적 결과를 내다볼 수 있다. 여기에 이르러야 일반 관상이 '관상학'으로 바뀌게 된다. 이를 흔히 '운명을 판단한다'고 표현한다.

다만 한 가지 주의해야 할 점은 과거 사회와 문화를 바탕으로 판단했던 운명적 해설들이 현대 사회에는 맞지 않을 수 있다는 것이다. 과거에는 늦게 결혼을 하는 것을 두고 '운이 나쁘다'고 보았지만, 현대 사회에서는 꼭 그렇지만도 않다. 또 과거에는 '도화(桃花)'라고 해서 인기가 많으면 이성 관계가 복잡하고 천박한 인생을 보낸다고 판단했지만, 현대 사회에서는 인기가 중요한 부분이다. 이런 점들을 감안해 판단할 수 있어야 올바른 해석을 내릴 수 있다.

그리고 무엇보다 중요한 것은 관상이 현재의 부정적인 부분을 발견해 긍정적으로 변화시키는 데 목적이 있다는 사실이다. 단순히 현재 어떤 마음과 상황에 놓여 있는지를 알아내는 데만 목적을 두고 판단해 그 결과에만 집착한다면 관상의 본래 목적과는 거리가 먼 결과를 얻게 된다. 그래서 심상이 관상보다 중요하다는 것이다.

어떻게 볼 것인가?

관상을 보는 방법은 다음의 몇 가지로 구분할 수 있다.

1. 형태를 본다 : 기본적으로 얼굴의 형태와 이목구비, 뼈, 살집 등의 분포를 살펴 '생김새'를 판단한다. 관상의 기본적인 판단재료다.

2. 색깔을 본다 : 예를 들어, 황달에 걸리면 눈의 흰자위가 노란색으로 변한다. 이런 식으로 얼굴의 어떤 부위에 어떤 색이 나타나는지를 살펴 질병의 유무나 운명 등을 판단한다.

3. 광채를 본다 : 밝고 어두운 빛의 유무를 본다. 특정 부위가 밝고 환하게 빛나면 그 부위에 해당하는 운세가 좋은 흐름을 보이고 있다는 식으로 판단한다.

4. 소리를 본다 : 목소리에도 사람의 성격과 운명이 나타난다. 목소리가 맑은지, 탁한지, 메말랐는지 판단한다.

5. 몸짓을 본다 : 얼굴의 생김새도 중요하지만, 사람의 행동 역시 중요한 단서가 된다. 행동은 교양에서 나오고, 성격의 완급에 따라 달라지기도 한다.

6. 자세를 본다 : 서 있는 자세, 앉아 있는 자세 등 고정적인 자세를 보고 판단한다. 앉기만 하면 어딘가에 기대려고하는 사람, 반드시 등을 꼿꼿하게 세우고 앉는 사람 등 고정

적인 자세는 그 사람의 인내력을 나타내는 자료다.

7. 기(氣)의 흐름을 본다 : 현재 정신력과 미래지향성, 적극성 등을 판단하는 재료로 '기색'으로 불리는데, 관상학에서 가장 어려운 부분에 속한다. 형태가 매우 좋아 흠 잡을 데 없는 사람이라도 당시의 기색에 문제가 있으면 추진하는 일은 성사되기 어렵다. 즉, 기색은 당시의 상황을 보여주는 가장 중요한 척도가 된다. 이른바 '분위기'도 여기에 포함된다.

이런 기본적인 관상법을 바탕으로 얼굴의 구획을 나누고 요철(오목하고 볼록함)을 구분한 뒤, 각 부위의 형태를 살피는 것이 관상을 보는 방법이다.

관상을 본다는 것은 '사람을 판단'하는 것이다. 따라서 편견을 버리고 맑은 정신으로 상대방을 존중하는 마음가짐을 가져야 하며, 이를 바탕으로 냉정하고 객관적으로 판단할 수 있어야 한다. 감정적으로 불안정하거나 정신이 흐릴 때 관상 판단은 삼가야 한다. 그리고 무엇보다 중요한 것은 자신의 인상을 복이 있고 운이 좋은 인상으로 만들겠다는 의지를 갖는 것이다. 운명은 누구나 바꿀 수 있다. 스스로 바꾸려 하지 않을 뿐이다. 자신의 인상을 바꿀 수 없는 사람이 다른 사람의 인상을 판단할 수는 없다. 이것이 가장 중요한 마음가짐이다.

얼굴의 구획을 정한다

구분법

'구분법(九分法)'은 얼굴을 아홉 개의 칸으로 나누는 방법
이다. 이것은 뒤에서 설명하게 될 삼정(三停), 삼재(三才) 등
으로 구획을 나눌 때 기본 바탕이 되는 방법이며, 인상을 볼
때 요철과 기색 등을 판단하는 각각의 중요 구역을 나누는
방법이다. 다음의 그림을 함께 보자.

기본적으로 여기서 ② ④ ⑤ ⑥ ⑧은 솟아야 하는 부분에
해당하며, 이른바 '나'를 대표하는 부분이다. 한편 ① ③ ⑦
⑨는 들어가야 하는 부분에 해당하며, 이른바 '나를 도와주

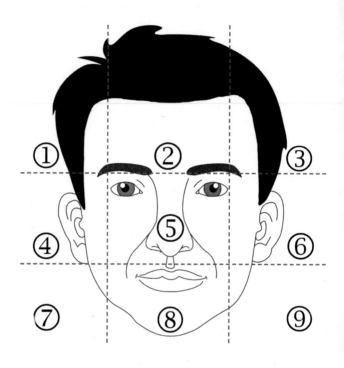

는 역할'을 담당한다고 보면 된다.

즉, ② ④ ⑤ ⑥ ⑧이 적당히 솟아 있고 윤택하며 광채가
있어야 그 사람의 주체성이 확실하게 갖추어져 있고 주관
이 뚜렷한 사람이라고 볼 수 있다. 또 ① ③ ⑦ ⑨가 너무 들
어가거나 솟아 있지 않고 적당히 안정감을 주면서 윤택하고
광채를 띠고 있어야 주변 사람들과의 조화, 환경적 혜택을
받는 사람이라고 볼 수 있다.

가로 구분에서 ① ② ③은 천(天, 하늘)으로 윗사람을 비롯해 선천적인 운명과 미래성, 꿈, 그것을 이루게 해주는 환경, 초년운 등을 판단하는 부위다. ④ ⑤ ⑥은 본인을 비롯해 동료와 친구, 배우자 등과의 관계, 중년운을 판단하는 부위다. ⑦ ⑧ ⑨는 아랫사람, 발판이 되는 환경을 비롯해 말년운을 판단하는 부위에 해당한다.

세로 구분에서 ② ⑤ ⑧은 본인의 주관과 자신감, 의지 등을 판단하는 자료에 해당하며, ① ④ ⑦은 남성의 경우 눈에 보이지 않는 환경이나 상황적 요소, 여성 등 음(陰)에 해당하는 관계성을 판단하는 재료다. ③ ⑥ ⑨는 눈에 보이는 환경이나 상황적 요소, 이른바 양(陽)에 해당하는 관계성을 판단하는 재료가 된다. 여성의 경우에는 좌우가 반대다. 자세한 해설은 내용을 진행하면서 덧붙이기로 한다.

삼정과 삼재

관상학에서는 눈썹 바로 아래와 코 바로 아래에 수평으로 선을 그어 얼굴을 상하로 삼등분하는 방법이 있는데, 이를 '삼정(三停)'이라고 부른다. 이렇게 나눈 얼굴을 위에서부터 상정(上停), 중정(中停), 하정(下停)이라고 부르며 다른 용어로는 '삼재(三才)'라고도 부른다. 삼재는 상정을 천(天), 중정

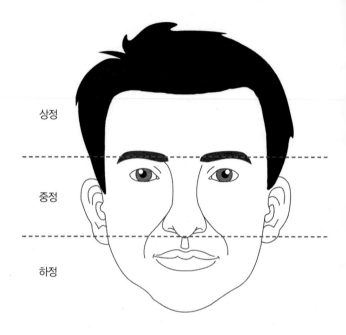

상정

중정

하정

을 인(人), 하정을 지(地)로 보아 천재(天才), 인재(人才), 지재(地才)로 표현하는 방법인데, 특히 이마와 코, 턱을 가리키는 용어로 활용한다. 삼정은 상, 중, 하의 길이가 비슷하게 균형을 이루고 있어야 길상이다.

삼정관법(三停觀法)은 몸을 구분하는 방법과 얼굴을 구분하는 방법 두 가지가 있으며, 몸을 삼등분하는 경우에는 머리를 상정, 몸을 중정, 하체를 하정으로 나눈다.

이렇게 삼등분을 하면 상정의 대표는 이마가 되고 귀(貴)

와 관련된 부위로 본다. 또 중정의 대표는 코가 되고 부(富)와 관련된 부위로 본다. 하정의 대표는 턱이 되고 수(壽)와 관련된 부위로 본다. 이와 함께 삼정은 다음과 같은 사항을 판단하는 재료로 활용한다.

상정

상정은 머리카락이 자란 부위부터 눈썹 바로 아래까지다. 15~30세까지의 초년운을 지배하며 부모의 덕, 윗사람과의 관계, 관직이나 공직과 관련 있는 운세 등을 살핀다.

즉, 이마에 해당하며 그 부위가 넓고 반듯하면서 살집이 두툼하고 빛이 밝아야 좋은 상으로 본다. 특히 소나 돼지의 간처럼 두툼하면서 탄력이 있으면 관운(官運)이 매우 좋다고 판단한다.

중정

중정은 눈썹 아래에서 코 바로 아래까지의 부위를 가리킨다. 31~50세까지의 중년운을 지배하는데, 눈이 맑고 코가 단정하고 도톰하게 생겼으며 관골(顴骨: 광대뼈, '권골'이라고도 부른다)이 적당히 솟아 있으면 부를 누릴 수 있는 상으로 본다. 특히 콧방울이 두툼하고 선이 뚜렷하면서 힘이 있어 보이면 중년에 이르러 큰 부를 누릴 수 있다.

하정

하정은 코 바로 아래에서 턱 끝까지의 부위를 가리킨다. 51세부터 세상을 뜰 때까지의 말년운을 판단하는 재료로 활용하며, 아랫사람과 부하, 가정운 등도 판단한다.

턱은 둥글면서 너무 튀어나오거나 들어가지 말아야 하며 양쪽 뺨은 살집이 풍부하고 빛이 좋아야 길상으로 판단하는 데, 이런 사람은 자녀운과 부하운이 좋고 행복한 가정을 꾸릴 수 있다고 판단한다.

하지만 턱이 지나치게 뾰족하거나 뺨이 너무 홀쭉하거나 하정에 상처, 흉터 등이 있을 경우에는 건강이 매우 약하고 재물운 역시 파괴되는 형국으로 보아 말년에 외롭게 보낼 가능성이 높다.

횡삼구법

'횡삼구법(橫三九法)'은 삼정을 다시 각각 천(天), 인(人), 지(地)로 삼등분해 아홉 개의 영역으로 구분하는 방법이다. 삼정을 보다 세분화해 상을 판단하는 재료로 활용한다.

상정의 천은 머리카락이 이마를 침입한 정도로 논리력과 감각능력, 성격 등을 살펴보며, 이마 상부의 주름살(天紋) 모양을 통해 초년의 운세와 조상과의 관계를 판단한다.

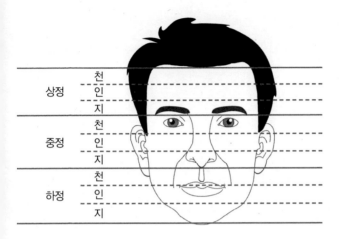

상정의 인은 이마의 중심부로 부모와의 관계, 창조력, 분석능력, 지적 능력 등을 판단하며, 이마 중간의 주름살(人紋)을 보고 관록운과 성공 가능성을 판단한다.

상정의 지는 눈썹에 해당하는 부분으로 형제·친척과의 관계, 직장 상사와의 관계, 직감력, 예술성 등을 판단하며, 이마 아랫부분의 주름살(地紋)을 토대로 끈기, 명예 등을 판단한다.

중정의 천은 눈에 해당하는 부분으로 리더십, 건강, 생기 등을 판단하며, 코의 출발점인 산근(山根)을 토대로 중년운의 기본적인 맥락과 자존심 등을 판단한다.

중정의 인은 관골과 코의 중간 부분에 해당하며, 중년운의 전개과정, 자존심, 적극성 등을 판단한다.

중정의 지는 콧방울에 해당하는 부분으로 재산 상태와 금전운, 배려, 이해심 등을 판단한다.

하정의 천은 인중(人中, 코 아래에서 입으로 이어져 있는 깊은 골)과 관골 하부에 해당하는 부분으로 그릇의 크기, 수명의 장단 등을 판단한다.

하정의 인은 입술에 해당하는 부분으로 배려와 이해심, 식복, 적극성, 자녀의 운 등을 판단한다.

하정의 지는 턱에 해당하는 부분으로 말년운, 수명, 자녀운, 부하운 등을 판단한다.

얼굴을 이렇게 세분화하는 이유는 각각의 위치가 나타내는 의미가 약간씩 다르기 때문이다. 경험상으로 볼 때, 크게 삼등분하는 삼정은 대략적인 재료로는 활용이 가능하지만, 세부적인 내용을 파악하려면 역시 아홉 개의 부위로 나누는 것이 훨씬 더 활용성이 높다.

종칠분법

한편, 백산역명학에서는 가로로 아홉 등분을 하는 방법과 마찬가지로 세로로도 얼굴을 세분화해 구분하는 방법이 있는데, 이를 '종칠분법(縱七分法)'이라고 부른다.

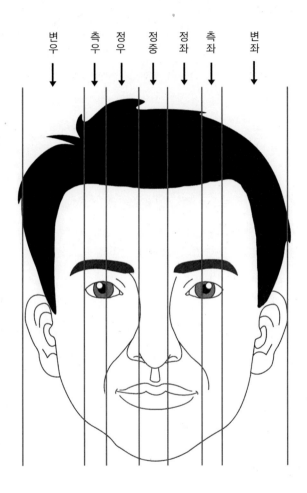

변우 측우 정우 정중 정좌 측좌 변좌

이 방법은 앞에서 소개한 구분법의 세로 분할을 오등분으로 좀 더 세분화한 것이며, 다음과 같은 재료로 활용한다.

정중(正中)은 코의 준두(準頭: 코의 끝부분)와 미간을 중심으로 구분한 부위로, 얼굴의 중심을 이루는 세로 부위에 해당하는데 이 부위가 일자로 반듯하게 서 있어야 하며 점이나 사마귀, 상처 등이 없어야 길상으로 본다. 특히 이마는 뒤로 눕지 말아야 하고 미간은 밝아야 하며, 코의 출발점인 산근과 코끝, 인중, 입술 한가운데 뾰족한 부분이 일직선상에 놓여 있어야 길상으로 판단한다. 종칠분법에서는 이 부위가 가장 높고 반듯해야 한다.

정좌(正左)는 정중의 왼쪽 끝에서 왼쪽 눈의 중심부까지의 부위에 해당하며 남성의 경우에는 아들을 비롯한 남성들과의 관계와 선천적인 운세를, 여성의 경우에는 딸을 비롯한 여성들과의 관계와 후천적인 운세를 살펴보는 재료로 활용한다.

측좌(側左)는 왼쪽 눈의 중심부에서 왼쪽 눈의 꼬리 부분까지이며, 정좌 부위의 보좌 역할과 이성과의 인연을 판단하는 재료로 활용한다.

변좌(邊左)는 얼굴 왼쪽 가장자리에 해당하며 왼쪽 귀를 포함하는데, 남성의 경우에는 아버지와의 관계, 선천적인 운세의 환경적 조건 등을, 여성의 경우에는 어머니와의 관계, 후천적인 운세의 환경적 조건 등을 살펴보는 재료로 활용한다.

정우(正右)는 정중의 오른쪽 끝에서 오른쪽 눈의 중심부까지의 부위에 해당하며, 남성의 경우에는 딸을 비롯한 여성들과의 관계와 후천적인 운세를, 여성의 경우에는 아들을 비롯한 남성들과의 관계와 선천적인 운세를 살펴보는 재료로 활용한다.

측우(側右)는 오른쪽 눈의 중심부에서 오른쪽 눈의 꼬리 부분까지이며, 정우 부위의 보좌 역할과 이성과의 인연을 판단하는 재료로 활용한다.

변우(邊右)는 얼굴 오른쪽의 가장자리에 해당하며 오른쪽 귀를 포함하는데, 남성의 경우에는 어머니와의 관계, 후천적인 운세의 환경적 조건 등을, 여성의 경우에는 아버지와의 관계, 선천적인 운세의 환경적 조건 등을 살펴보는 재료로 활용한다.

횡삼구법과 종칠분법은 얼굴을 세로로 구분하는 방법으로 기존의 관상서에는 소개되어 있지 않지만, 백산역명학(白山易命學)에서는 반드시 활용하는 구분법이다. 이 방법은 육상(肉相: 몸의 살집을 보고 판단하는 관상법)이나 골상(骨相: 골격의 형태를 보고 판단하는 관상법)에도 채택해 세분화된 판단을 하는 재료로 활용한다.

기본적인 상을 본다

오행과 얼굴의 형태

세부적인 인상을 보기 전에 먼저 얼굴의 형태를 보고 판단하는 관상법이 있다. 얼굴을 오행(五行)인 木, 火, 土, 金, 水에 대비해 각각의 오행이 가진 기본적인 의미를 부여하고, 이에 해당하는 얼굴의 특성을 파악하는 방법이다.

예를 들어, 얼굴의 생김새가 목형(木形)에 해당하면 木과 관련된 특성을 갖추고 있다고 해석해 그 사람의 기본적인 성격이나 운세를 판단하는 것이다.

얼굴을 오행의 형태로 분류한 사람은 송나라의 진희이로

『마의상서』를 저술한 것으로 알려져 있는 인물이다. 『마의상서』「오행론(五行論)」에 보면, '목수금방수주비(木瘦金方水主肥) 토형돈후배여구(土形敦厚背如龜) 상첨하활명위화(上尖下闊名爲火)'라고 하여 목형(木形)은 야위어 있고, 금형(金形)은 모가 나 있으며, 수형(水形)은 살이 풍만하고, 토형(土形)은 살이 두툼하면서 등이 거북이 같으며, 화형(火形)은 위가 뾰족하고 아래가 넓다고 소개되어 있다. 이것이 오행상법(五行相法)의 기초 이론이다.

　여기에서는 그 이론을 바탕으로 경험론을 첨가해 간략하게 오행상법을 해설하기로 한다.

목형

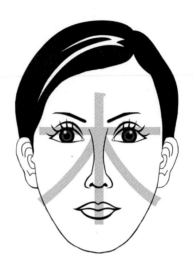

　오행에서 목(木)은 인(仁)을 대변하며, 색깔은 청색(靑色)을 의미한다. 목형의 얼굴은 마치 나무가 길게 뻗듯 위아래로 긴 형태를 보이며, 신체 역시 대체적으로 긴 형태를 보인다. 따라서 팔다리와 손가락도 길고 목도 긴 편이다. 특징은 야위어 보인다는 것이고, 허리도 가늘어 늘씬한 형태를 이룬다. 눈썹이나 수염, 머리카락 등의 모발은 적은 편이며 행동이 빠르면서도 불안한 느낌을 주지 않는다.

화형

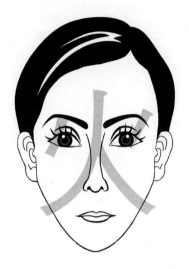

　오행에서 화(火)는 예(禮)를 대변하며 색깔은 적색(赤色)
을 대변한다. 화형은 이마와 턱이 뾰족한 형태를 보이면서
얼굴이 약간 튀어나온 모습에 이마가 잘 발달되어 있고, 입
과 입술이 작은 편이다. 하체인 발이 큰 편이고 다리도 긴 편
이지만, 팔은 짧고 손도 작은 편에 속해 하체보다 상체가 더
발달한 모습을 보인다.

토형

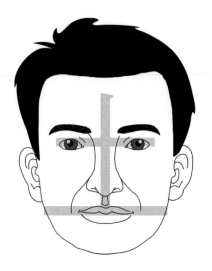

　오행에서 토(土)는 신(信)을 대변하며 색깔로는 황색(黃色)을 대변한다. 토형은 얼굴과 몸이 중후한 느낌을 주며, 전체적으로 살이 많아 둥근 형태를 보인다. 피부는 약간 거친 편이고 살집이 두터우며, 등과 허리도 두툼하게 발달되어 있다. 팔다리는 짧은 편에 속한다.

금형

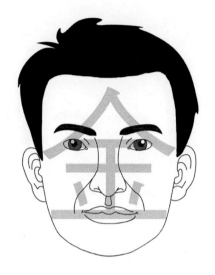

오행에서 금(金)은 의(義)를 대변하고 색깔로는 백색(白色)을 대변한다. 금형은 일반적으로 근육질 형태에 얼굴이 우락부락한 모습을 보이는, 이른바 근골형에 해당한다. 전체적으로 근육이 잘 발달되어 있으며, 운동을 잘 하고 지구력도 강해서 신체는 건강한 편이고 그만큼 의지력이나 인내력도 매우 좋다.

남성적인 성격이기 때문에 남성인 경우에는 그것이 장점으로 작용하지만, 여성인 경우에는 여성적 매력이 부족하다는 평가를 듣기도 한다. 하지만 사회활동을 하면 여장부로서 실력을 발휘할 수 있다.

수형

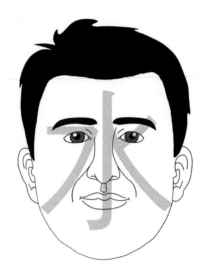

오행에서 수(水)는 지(智)를 대변하며 색깔로는 흑색(黑色)을 대변한다. 수형 역시 얼굴이 둥근 편이어서 토형과 비슷하지만, 얼굴 위쪽보다 아래쪽에 살이 더 많다는 점과 피부가 윤택하다는 점, 피부 탄력이 더 많다는 점이 토형과 다르다. 손은 작고 살집이 풍부한 편이다.

이런 조건을 잘 갖추고 있으면서 눈과 눈썹도 크게 잘 발달되어 있으면 길상으로 본다. 기본적으로 성격이 원만한 편이고 지혜가 뛰어나 공부를 잘 하는 편이고, 다양한 재주를 갖추고 있으며 기본 이상의 복록을 타고났다고 본다.

소인형상법

소인형상법(小人形相法)은 얼굴에 사람의 신체를 대입해 각 신체 기관을 얼굴의 해당 부위를 바탕으로 판단하는 관상법이다. 예전부터 형상의학에서 망진(望診: 눈으로 환자의 상태를 관찰하는 것) 등에 이용되었다.

소인형상법은 '정소인형상법(正小人形相法)'과 '역소인형상법(逆小人形相法)'으로 구분하는데, 정소인형상법은 사람이 선 모습을 얼굴에 대입한 것이고, 역소인형상법은 사람의 신체를 얼굴에 거꾸로 대입한 것이다.

흔히 정소인형상법은 남성을 판단할 때 적용하고, 역소인형상법은 여성을 판단할 때 적용하는데, 그 이유는 남성은 양(陽)을 상징해 하늘과 왼쪽을 중시하고, 여성은 음(陰)을 상징해 땅과 오른쪽을 중시하는 식으로 대비되기 때문이라고 한다. 하지만 내 생각은 좀 다르다. 남녀 모두 기본적으로는 정소인형상법으로 보아야 하며, 역소인형상법은 그 판단 내용을 보충하는 자료로 활용해야 한다.

정소인형상법을 얼굴에 적용하면, 머리는 이마 한가운데인 관록궁(官祿宮)에 해당하며 두 팔은 눈썹, 가슴은 두 눈썹 사이와 두 눈 사이, 허리와 배는 코, 두 다리는 법령(法令: 양쪽 광대뼈와 코 사이에서 입가를 지나 내려오는 굽은 선), 음부는 콧방울에 해당한다. 여기에서 남녀가 다른 부분은 여성의 경

29

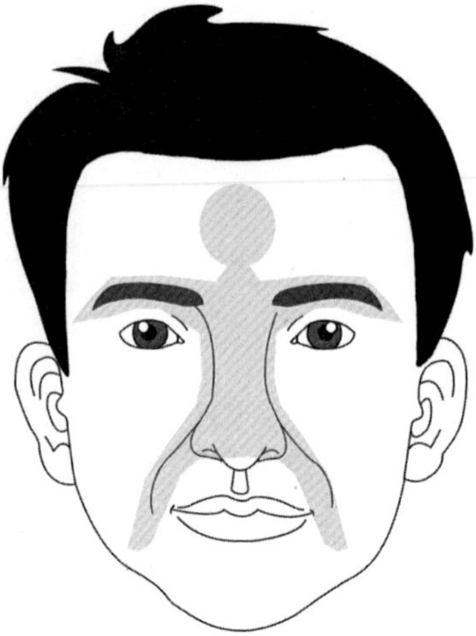

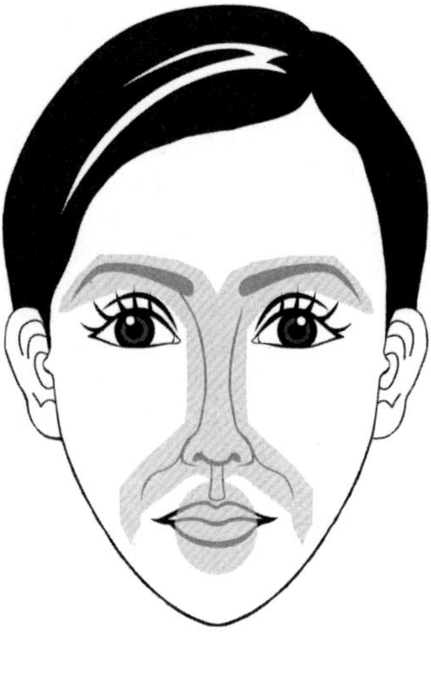

우, 남성과 달리 생식기관이 내부에 있기 때문에 입을 음부로 보고, 인중을 질로, 콧방울을 자궁으로 보아야 한다.

이렇게 남녀 모두 정소인형상법을 적용하는 것이 훨씬 더 적중률이 높다. 여기에 역소인형상법을 적용하면 외부적인 문제와 내부적인 문제, 사회와 가정, 자신과 타인 등 대비되고 상반되는 형태의 상황과 환경 등을 보다 정확히 판단할 수 있다.

소인형상법은 적중률이 매우 높아 얼굴만 보고도 신체의 생김새와 질병 유무 등을 쉽게 알아볼 수 있다. 예를 들어, 눈썹이 끊어져 있거나 털이 누워 있는 방향이 서로 어긋나 있는 경우는 팔에 문제가 있고, 코가 휘어 있는 경우는 척추에 문제가 있으며, 눈썹과 눈썹 사이의 색깔이 어둡거나 상처, 점 등이 있는 경우는 흉곽에 문제가 있다고 판단하는 것이다. 또 법령이 끊어져 있거나 희미한 경우는 다리에 문제가 있다고 보며, 콧방울과 인중 부위에 상처나 점 등이 있는 경우는 비뇨기 계통과 산부인과 계통에 질병이 있다고 판단한다.

세밀한 부분은 기색과 형상을 종합적으로 판단해야 하지만, 대략적인 내용은 소인형상법을 적용하는 것만으로도 상당 부분을 예측할 수 있다.

각 부위의 상을 본다

이마

이마(額)는 하늘을 향해 펼쳐져 있는 창문과 같은 부위로 밝고 흠이 없으며 살집이 두툼하고 윤기가 흘러야 길상으로 본다.

관상학에서 이마를 보면 삼정에서는 상정, 삼재에서는 천재를 포함하고 있는 매우 중요한 판단재료다.

기본적으로 이마의 넓이, 상처나 점의 유무, 형태, 살집의 두께, 요철 등을 살펴보아 운세를 판단한다. 각각의 의미를 살펴보자.

넓은 이마

이마가 넓은 사람은 마음도 넓고 대범하며 부모, 윗사람과의 인연도 좋아서 좋은 집안에서 자란 사람일 가능성이 높다. 또 배려심과 현실성을 함께 갖추고 있어 다른 사람의 아픔을 잘 이해하는 한편, 처세도 능해 여러 사람의 도움을 받아 함께 성장하기 때문에 다른 사람보다 일찍 성공을 거둔다.

일반적으로 장남인 경우에 이마가 넓은데, 장남이 아닌 경우에는 이마가 넓은 자녀가 부모의 뒤를 잇거나 유산을 상속받게 된다.

좁은 이마

이마가 좁은 사람은 사물을 비교하고 분석하는 능력은 뛰어나지만, 현실적인 부분에서 감각이 뒤지는 편이며 소심해서 대범한 일을 하지 못한다. 정이 많아 다른 사람의 고통을 잘 이해하고 대인관계도 좋은 편이지만, 사고방식이 좁아 큰일을 하기에는 적합하지 않다.

남성은 섬세한 직업이 잘 어울리고 사업에는 어울리지 않는다. 여성은 이마가 매우 좁고 뾰족하면 질투와 시기가 강하다.

각진 이마

이마 위쪽이 일자 모양으로 생겼고, 양쪽 역시 수직으로 깎여 직사각형 모양으로 생긴 이마, 머리카락과 이마 사이에 마치 선을 그어 놓은 것처럼 생긴 이마를 가진 사람은 현실주의자이면서 빈틈이 없는 성격이다. 실수도 거의 하지 않으며 사무직에 잘 어울린다. 하지만 자로 잰 것 같은 사고방식 때문에 융통성이 부족해 원만한 대인관계에 비해 마찰이 많다.

둥근 이마

　가운데가 둥글게 벗겨진 것처럼 생긴 이마를 가진 사람은 경제적인 사고가 잘 발달되어 있어 여성인 경우에는 가계를 잘 꾸리고 내조도 잘한다. 일반적으로 둥근 이마를 가진 사람은 사교성이 있고 애정이 많아 대인관계가 매우 좋은 편이며 결혼운도 좋다. 이마 가운데 벗겨져 올라간 부분이 하늘의 운을 받기 때문이라고 보기 때문이다.

　여성은 남성적인 성향이 강하면서 유혹에 약해 일찍 남성을 경험하게 되며 성적 에너지가 풍부해 이성에 대한 관심이 높다.

M자형 이마

이마 양쪽 윗부분이 벗겨져 마치 M자 모양으로 보이는 사람은 창의력과 임기응변이 뛰어나고 재치가 넘친다. 특히 감각이 예민해 예술적인 방면에 소질이 있고, 이해심이 많고 너그러운 편이다. 또 자신이 벌여놓은 일에 대해 끝까지 책임을 지는 편이고 의리도 강하다.

하지만 자존심이 강해 다른 사람에게 지는 것을 싫어하고, 윗사람과 의견이 맞지 않아 대립하는 경우가 많으며 한 가지 직업을 꾸준히 유지하기 어렵다.

제비꼬리형 이마

　이마 윗부분 가운데 머리카락이 이마 쪽으로 뾰족하게 내려와 마치 머리카락이 이마를 침범한 것처럼 보이는 사람은 감성이 풍부하고 여성적이어서 애정에 관심이 많다. 남성인 경우에는 여성을 잘 리드하며 스킨십도 능수능란하고, 여성인 경우에는 정이 많고 가정적이어서 사랑을 듬뿍 받을 수 있다. 또 남녀 모두 한번 상대를 선택하면 최선을 다하는 적극성을 띤다.

앞짱구형 이마

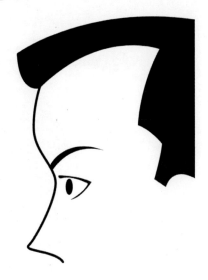

이마가 앞으로 튀어나와 흔히 '짱구'라고 불리는 사람은 창의력과 감수성, 감각이 매우 뛰어나며 재치가 있고 임기응변에 능하다. 또 사교적이며 다른 사람의 심리를 잘 읽어내기 때문에 사람을 다룰 줄 알고 금전적인 운세도 좋은 편이다.

그러나 자신의 주장을 굽히지 않고 어떻게든 관철시켜야 직성이 풀리며, 어떤 상황에서도 나서고 싶어 하는 지나친 적극성 때문에 어떤 행동을 해놓고 나중에 후회하는 경우가 많다.

뒤로 젖혀진 이마

이마가 뒤로 젖혀져서 옆에서 봤을 때 완전히 기울어져 있는 것처럼 보이는 사람은 지적인 사고력, 계획능력, 윤리성 등이 부족해 전문직에는 어울리지 않으며, 깊은 사고 능력이 필요한 직종에 어울린다.

출신 가정이 좋은 편이 아니기 때문에 초년운은 많이 힘들고, 스스로 모든 것을 해결해야 하는 불행한 시기를 보낸다. 그 때문에 인성에 문제가 발생해 윤리적인 측면에서 이기적이고 금전만능주의에 빠지기 쉽다.

눈썹

눈썹(眉)은 눈을 보호하는 일종의 지붕 같은 역할을 하고, 얼굴을 아름답게 꾸며주는 작용도 한다. 관상에서 눈썹은 사람의 의지와 능력, 지능, 형제와의 관계, 동료와의 관계 등을 살펴보는 재료로 활용하며, 특히 모발에 해당해 혈액순환과도 깊은 관계가 있다고 본다. 넓은 의미에서는 애정운까지 살펴볼 수 있다.

관상학에서 눈썹이 담당하는 역할을 살펴보면 삼정에서는 상정과 중정을 구분하는 경계선 역할, 삼재에서도 천재와 인재를 구분하는 경계선 역할, 정소인형상법에서는 두 팔, 역소인형상법에서는 두 다리를 의미한다. 이런 식으로 모든 중요한 상법에서 각각의 역할을 담당하므로 관상에서는 매우 중요한 부위로 본다.

특히 삼정이나 삼재 등에서 경계선 역할을 담당한다는 것은 그만큼 영역이 넓다는 의미이기도 하다. 따라서 눈썹은 얼굴의 윗부분과 중간을 연결하고, 양쪽의 의미를 모두 포함하고 있다는 점에서 특정적 의미보다는 포괄적 의미로 해석해야 올바른 판단을 내릴 수 있다.

사람마다 개성이 있는 눈썹을 크게 분류해 간단히 알아보기로 하자.

일자 눈썹

눈썹이 거의 구부러지지 않고 머리 쪽에서 꼬리 쪽까지 일자 모양으로 곧게 뻗어 있는 눈썹을 가진 사람은 남성적이고 직선적이며 대범하고 용기가 있다. 성격이 곧은 만큼 주관이 뚜렷하고 신념이 확실해 어지간한 고난은 웃음으로 넘겨버린다. 강한 추진력이 있기 때문에 관운, 금전운도 좋은 편이며 가정을 잘 이끌어나간다.

팔자 눈썹

두 눈썹의 꼬리 부분이 아래쪽으로 내려와 있어 눈썹이 마치 여덟팔자(八) 모양으로 보이는 눈썹을 가진 사람은 배려심과 이해심이 깊고, 의리를 매우 중시하며 재주가 많다. 따라서 사람들이 많이 따르고 친구와의 우정, 의리도 잘 지

킨다.

단, 인정이 많다보니 지출이 늘고 겉치레를 중시하는 단점이 있다. 만약 눈꼬리도 눈썹처럼 아래쪽으로 처져 있는 경우에는 부부운이 매우 나빠 행복한 가정을 이끌기 어렵다.

짙은 눈썹

눈썹이 짙다는 것은 결국 숱이 많다는 것으로 남성의 호르몬을 상징한다. 직선적이고 저돌적이며 의리를 중시하는 타입을 대변한다. 리더십이 매우 강해 친구들도 많고 동료들과의 관계도 좋은 편이며, 인내심도 강해 한 분야에서 성공을 거둘 가능성이 매우 높다.

하지만 자신의 성격만 앞세워 다른 사람에게까지 노력과 인내를 강요하고, 자신이 중심에 서려 하는 지나친 강인함때문에 자칫 경쟁자를 많이 만들어 고립되는 상황에 빠질우려가 있다. 눈썹이 짙으면서 일자 눈썹에 가까울수록 이러한 경향은 더욱 강해진다.

옅은 눈썹

눈썹이 듬성듬성 자라 피부가 들여다보일 정도로 옅어 보이는 사람은 행동파로 말보다 실천을 매우 중시하며 성격 또한 급한 편이다. 따라서 무슨 일이 있으면 즉각 행동으로 옮기는 실천력 때문에 높은 평가를 받고, 그 결과 작은 성공을 이루기는 하지만 감정의 기복이 심하고 이기적인 측면이 강해 운세에는 변화가 많다.

또 계획적이라기보다 감정적으로 움직이며 결과를 빨리 도출하려 하기 때문에 마무리를 제대로 짓지 못하는 경우가 많아 신뢰를 잃기 쉽다.

짧은 눈썹

눈썹이 눈의 길이보다 짧거나 비슷할 정도로 길이가 짧은 사람은 기본적으로 형제, 자녀와의 관계가 나쁜 편이다. 길이는 짧아도 숱이 많아 짙어 보인다면 적극적이고 독립심도 강한 사람이지만, 숱이 없어 옅어 보인다면 이성의 유혹과 향락에 빠져 헤어나오기 어려운 흉상으로 본다.

일단 눈썹이 짧다는 것은 그만큼 여유가 없고 성급하다는 의미이며, 눈썹이 형제궁을 상징하는 만큼 짧으면 너그러움이 없어 형제관계가 나쁘다고 판단한다. 자녀와의 관계가 나쁘다는 것 또한 그런 배려가 부족하다는 측면에서 판단한다.

긴 눈썹

눈썹이 눈의 길이보다 월등히 길어 보이는 사람은 형제, 자녀와의 관계가 좋고 부부운도 매우 좋은 편으로 기본적인 복을 타고났다고 말할 수 있다. 눈썹은 눈을 가려주는 지붕 역할을 하는 것이니 눈썹이 눈보다 길어야 하는 것은 어찌 보면 당연하다.

성격도 원만하고 두뇌회전도 좋아 어떤 일이든 문제없이 처리하기 때문에 '팔방미인'이라는 말도 자주 듣게 된다. 눈썹이 길면서 짙은 경우에는 사회적으로 큰 명성을 얻을 수 있으며 옅은 경우에는 노력이 부족해서 무슨 일을 하든 중간에 포기할 가능성이 높다는 단점이 있다.

초승달 같은 눈썹

눈썹 중간 부분이 두둑하게 숱이 많으면서 윤기가 흘러 비단결 같은 느낌이 드는 눈썹을 가진 사람은 기본적으로 여성적인 성격으로, 감성이 풍부하고 지혜가 있으며 인정이 넘치는 따뜻한 사람이다. 대체적으로 좋은 집안 출신이 많으며 초년운이 매우 좋고 예술, 예능 분야의 감각도 뛰어나다.

털이 곤두선 눈썹

눈썹의 털이 마치 화라도 난 듯 곤두서 있는 눈썹은 강한 정신력과 도전 정신을 나타낸다. 따라서 한 번 마음을 굳히면 어떻게든 끝장을 보는 성격으로 매우 남성적이며 저돌적이다.

스포츠 선수가 잘 어울리지만, 사고보다는 행동이 우선하고 성격이 급하기 때문에 대인관계에서는 자주 마찰을 일으키고 생각 없이 일을 시작했다가 나중에 후회하는 경우가 많다.

미간에서 이어져 있는 눈썹

눈썹과 눈썹 사이 미간에 털이 많아서 마치 양쪽 눈썹이 연결되어 있는 것처럼 보이는 사람은 일자형 눈썹이나 짙은 눈썹보다 한층 더 남성적이고 저돌적이기 때문에 자신의 강한 성격을 이기지 못해 범죄를 저지르는 경우가 많다. 따라서 그런 성격을 해소할 수 있는 경찰, 군인 등의 직업을 선택하는 것이 좋다.

마음은 따뜻하고 인정도 많지만, 자신의 뜻이 관철되지

않으면 분을 이기지 못하는 강한 성격 때문에 사람들이 쉽게 가까이 다가오지 못한다. 이 부분을 해소하려면 자신의 마음을 다스릴 수 있는 지혜를 쌓는 것이 중요하다.

중간이 끊긴 눈썹

눈썹이 가지런히 이어져 있지 않고 중간 부분이 끊긴 사람은 의심이 많고 자기중심적이기 때문에 형제, 친척과의 관계가 매우 나쁘며 이복형제가 있는 경우도 많다. 한편 이상은 높지만 현실적인 능력은 부족하기 때문에 일을 시작해 놓고 다른 사람에게 의지하다 낭패를 보는 경우가 많으며, 의심이 많은 반면 인정에 약해서 다른 사람을 도와주다 자신이 손해를 보기도 한다.

남녀 모두 이성에게 매우 약하고 유혹에 잘 빠지는 타입이지만, 노력하는 만큼의 대가를 얻지 못하기 때문에 나중에는 그것이 이성에 대한 비판으로 변한다. 따라서 여성의 경우, 결혼한 이후에 남편을 믿지 못하고 끊임없이 의심하는 집착을 보이기도 한다.

중간이 꺾인 눈썹

눈썹이 위쪽으로 올라가다 중간에 꺾여 아래쪽으로 구부러져 있는 사람은 자기주장이 매우 강하며 주관이 뚜렷하고 독단적인 노력형이다. 실행력과 결단력도 갖추고 있기 때문에 목표를 세우고 달성하기까지 일관성 있게 추진하는 편이다. 하지만 독선적이기 때문에 다른 사람의 의견을 무시하는 경향이 있다. 생활력도 강한 편이어서 금전운은 좋은 편이고 가정도 잘 이끌어 나간다.

눈

　관상에서 가장 중요한 부분은 역시 눈(眼, 目)이다. 얼굴에서 변화를 보이는 부분이 있다면 살이 찌는 정도, 나아가 피부 색깔 정도에 지나지 않는다. 다른 부위는 그 정도로 큰 변화가 없다는 얘기다. 하지만 눈은 시시각각으로 변하며 살아 있다는 사실을 확실하게 표현하는 부위다.

　눈 안쪽(코 부위) 부분을 '눈머리'라고 하고, 바깥쪽(귀 부위)을 '눈꼬리'라고 부르는데 양쪽 눈머리 사이에는 코가 시작되는 산근(山根)이 위치해 있고, 눈꼬리 부분은 애정운과 관련이 깊다. 눈 주변의 모든 부위가 관상에서 중요한 재료로 작용할 정도로 눈은 중요한 부위다. 눈이 해당하는 상법을 살펴보면 삼정에서는 중정, 삼재에서는 인재에 속한다.

　눈은 당연히 맑고 눈동자의 흑백이 분명해야 하며 잡티나 상처, 점, 사마귀 등이 없어야 하고, 주변 피부는 적당히 도톰한 상태를 유지하는 것이 좋다. 눈에 맑은 정신과 기상이 확실하게 깃들어 있어야 길상으로 본다.

　관상을 잘 모르는 사람들도 상대방의 눈을 보면 그 사람을 어느 정도 파악할 수 있다. 눈은 그 정도로 정직하고 순수한 부위다. 따라서 관상법은 더 어렵다. 형태별로 눈을 정리해 보자.

큰 눈

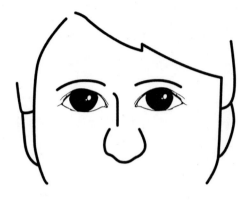

'눈이 크다'는 것은 일반적으로 우리가 사람의 눈을 볼 때 크다는 느낌이 드는 것을 기준으로 삼으면 된다. 관상학적으로 보다 정확한 기준을 제시할 수는 있지만, 얼굴이 클 경우 비율을 구하기가 쉽지 않기 때문에 일반적인 감각으로 판단하는 것이 더 정확하다.

눈이 크다는 것은 마음이 열려 있다는 의미다. 따라서 정이 많고 열정적이며, 호기심이 넘치고 개방적인 성격을 갖추고 있다. 정이 많다보니 당연히 이성에 대한 관심과 인기도 많아 개방적인 성격을 갖고 있다. 그래서 적극적인 애정공세를 펴는 경우가 많다. 단, 심리 변화가 심하기 때문에 즉흥적인 행동을 보여 오해를 받는 경우가 많고, 현실보다는 이상을 추구하기 때문에 금전적으로 기복이 심하다.

작은 눈

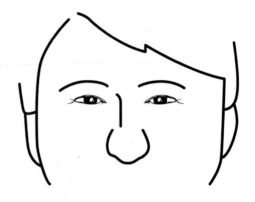

눈이 작으면 자신을 드러내는 표현력이 큰 눈보다는 덜하기 때문에 차분하고 겸손한 성격을 갖추고 있다. 대신 밝고 명랑한 큰 눈과 반대로 강인하고 냉정한 자기만의 세계를 가지고 있는 경우가 많다. 따라서 말보다는 행동으로 생각을 표현하는 신중한 사람이며 자신의 속내를 쉽게 드러내지 않는다.

겸손함과 적은 말수는 사회생활에서 신뢰를 부르기 때문에 믿음직하다는 평가를 받는다. 한번 마음먹은 일은 가능하면 끝까지 성사시키려는 끈기도 있어 힘든 시기가 닥치더라도 꿋꿋이 이겨낼 수 있는 사람이다.

둥근 눈

눈이 둥근 사람은 다정다감하며 마음이 여린 편이다. 따라서 여성적인 성향이 강하며 다른 사람의 아픔을 무시하지 못하기 때문에 손해를 보는 경우가 많다. 기본적으로 예술적 감각이 매우 뛰어나고 감수성이 예민해서 연예인이나 예술인으로 활동하는 경우가 많고, 대부분 인기가 좋은 편이다. 이성에게도 인기가 많은 편인데 유혹에 약하기 때문에 이성 관계에서 정만 주고 배신을 당할 가능성이 높다. 그래서 연애를 할 때는 신중하게 상대방을 선택해야 한다.

가는 눈

눈이 가늘다는 것은 위아래 폭이 좁은 것을 의미한다. 이런 사람은 판단력과 직감, 분석력이 매우 뛰어나고 사람의 마음을 읽는 능력도 우수한 편이다. 또 자신은 속내를 쉽게 드러내지 않는 편이며, 대화를 나눌 때도 말을 하기보다 말을 듣는 쪽에 서기 때문에 정보력도 강하다. 따라서 주변에 사람이 많은 편이지만, 자신의 이야기를 지나칠 정도로 드러내지 않아 냉정하고 차가운 사람으로 보이기도 한다. 그러나 사실은 진실하고 성실한 사람으로 중요한 일을 맡기기에 딱 알맞다고 말할 수 있다.

깊은 눈

깊은 눈은 눈동자뿐 아니라 눈 주변이 전체적으로 안쪽으로 들어가 움푹 패인 것처럼 보이는 눈을 가리킨다. 그 때문에 코와 이마가 한결 앞쪽으로 튀어나와 보인다. 이런 사람은 신중한 편이고 참을성이 많다. 또 조용히 노력하는 성격이면서 자신만의 세계를 뚜렷하게 가지고 있는 편이다. 하지만 신경질적인 면이 있고 다소 소심한 편이다.

한편 자신의 세계가 확고한 만큼 다른 사람의 말이나 유혹에 쉽게 넘어가지 않으며, 이기적인 면이 강해서 도박에 쉽게 빠지는 경향이 있다. 무슨 일이든 자신의 생각을 기준으로 추진해 '특이한 사람'이라는 오해도 받을 수 있지만, 사실은 다른 사람과 달리 그만큼 신중하게 생각하기 때문에 보이는 현상이다.

튀어나온 눈

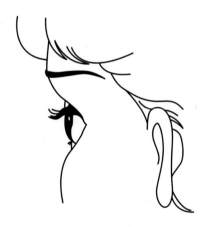

눈이 튀어나와 있는 사람은 대체적으로 눈이 큰 편에 속하는데, 눈은 간장과 관련이 깊기 때문에 결국 간장이 약하다는 의미이기도 하다. 세상에 관심이 많고 호기심이 많은

편이며 사람에게도 관심이 많아 주변에 늘 사람이 모이고 흩어지는 식으로 인간관계가 매우 다양하다.

하지만 끈기가 부족해 쉽게 지치며 육체적으로도 피로를 빨리 느껴 제대로 일을 마무리 짓지 못하고 '실없는 사람'이라는 오해를 받기도 한다. 또 성격이 매우 급하고 열정적이기 때문에 무턱대고 장담을 했다가 후회하는 일을 만들기도 한다. 따라서 어떤 결정을 내리기 전에는 반드시 두세 번 확인하고 확실하게 할 수 있는 일만 추진해야 뒤탈이 없다.

눈꼬리가 올라간 눈

눈머리에서 눈꼬리 쪽으로 비스듬히 올라간 눈을 가진 사람은 끈기가 있고 체력이 강하며 주관이 분명하고 대범한 성격을 갖추고 있다. 따라서 어떤 일을 하든 반드시 성사시키는 강인함을 갖추고 있다. 리더십도 매우 뛰어나 '대인의 상' '장수의 상'이라고 표현한다. 그만큼 자존심도 강해 다른 사람에게 지는 것을 싫어하며, 자신의 영역을 침범당하면 즉각 자기방어에 나설 정도로 철저한 자기관리 능력을 자랑한다.

눈꼬리가 내려간 눈

눈꼬리가 올라간 눈과 반대로 눈꼬리가 내려간 눈은 앞에서 보면 팔자(八)형으로 보이는데, 이런 눈을 가진 사람은 인정이 많고 보스 기질이 있어 대인관계가 좋고 주변에 사람이 많이 모이는 편이다. 유머도 풍부해서 재미있고 즐거운 인생을 보낼 것 같으나 사실은 외로움을 많이 탄다. 또 이성에 대한 호기심이 매우 강해서 정 때문에 마음을 졸일 가능성이 매우 높다.

모든 사람에게 친절하고 다정하게 행동하지만, 그에 못지않을 정도로 자존심이 강하고 보스 기질이 강하기 때문에 실질적으로는 성격이 매우 강한 사람이다.

눈머리가 둥근 눈

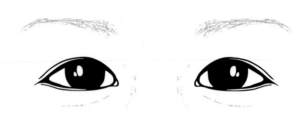

눈머리는 눈물이 흘러나오는 장소로 이곳이 둥글다는 것은 눈이 큰 것과 마찬가지로 순수하고 진실하다는 의미다. 눈머리는 눈이 크고 작음과는 상관없기 때문에 상을 볼 때 주의해야 정확하게 판단할 수 있다.

이런 사람은 인간관계가 좋고 사람을 의심하지 않는 편이라 진실하다는 평가를 받는데, 따라서 노력에 따라 일찍 성공을 거둘 수 있지만 의심하지 않는 성격 때문에 거짓말에 쉽게 넘어가기도 한다.

눈머리가 뾰족한 눈

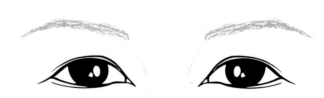

눈머리가 둥근 것과 반대로 뾰족한 눈을 가진 사람은 동양인보다는 서양인에게서 많이 볼 수 있으며, 이런 사람은 상황을 논리적이고 냉정하게 판단하기 때문에 어지간해서는 손해를 보지 않는다. 그래서 타산적이고 이기적인 비판을 받는 경우도 많은데, 실제로는 이성관계도 복잡한 편이고 한 사람을 상대로 무조건적인 사랑을 하기보다 여러 사람을 사귀는 데 더 많은 관심을 보인다. 그 때문에 삼각관계에 빠지기 쉽지만, 자신은 쉽게 마음을 주지 않기 때문에 상대방이 피곤해진다.

삼백안

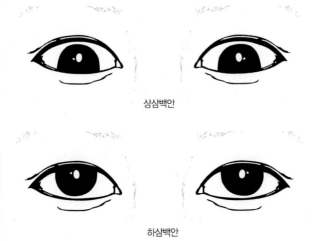

상삼백안

하삼백안

검은 눈동자를 중심으로 흰자위를 살펴봤을 때, 보통 상하는 검은 눈동자와 닿아 있고 좌우만 흰자위가 보이지만, 삼백안(三白眼)은 좌우 이외에 위 또는 아래로 흰자위가 세 부분을 차지하고 있는 경우를 가리킨다.

삼백안은 상(上)삼백안(좌우와 위쪽에 흰자위)과 하(下)삼백안(좌우와 아래쪽에 흰자위)이 있는데, 공통적으로 성적 매력이 강하며 이성에 대한 호기심도 왕성해 이성에게 인기가 많다. 하지만 대부분의 경우 상대방을 지배하려 하기 때문에 애정운은 좋은 편이 아니다.

또 순간적으로 나타나는 난폭한 성격 때문에 이른바 '눈값을 한다'는 말을 듣기도 하는데, 평소에는 얌전하고 순하지만 한번 화를 내면 극단적인 성향을 띤다. 그만큼 두뇌가 영리하고 상황판단이 논리적이라는 의미이기도 한데, 의리와 인정이 많지만, 자존심이 지나치게 강해 자존심에 상처를 입으면 이런 난폭한 성격을 드러낸다.

사백안

사백안(四白眼)은 눈동자를 중심으로 상하좌우에 모두 흰자위가 드러나 있는 눈을 가리킨다. 눈동자가 크면 나타날 수 없기 때문에 대부분 눈동자는 작은 편이다. 보기 드물지만 이런 눈을 가진 사람은 성격이 매우 소심하고 신경질적

이며, 방어본능이 이상할 정도로 강해서 작은 일에도 쉽게 놀라고 짜증을 내며 주변 사람들을 불안하게 만든다.

관상학에서는 매우 나쁜 눈으로 판단하는데, 대체적으로 겉과 속이 다르고 배신을 잘하는 눈이라고 보기 때문이다. 사백안인 경우, 마음에 칼을 갈고 있는 것과 같아 어떤 문제가 생기면 극단적인 성향을 띠기 때문에 남성의 경우에는 잔인성이 매우 강하고, 여성인 경우에는 복수심이 매우 강하다.

좌우의 크기가 다른 눈

일반적으로는 좌우의 눈은 크기가 비슷한데, 두 눈의 크기가 눈에 띄게 다른 사람이 있다. 이런 사람은 세상을 두 가

지 관점으로 보는 경향이 강하기 때문에 객관성이 매우 뛰어나고 논리적이다. 따라서 보통 사람에게는 없는 특별한 능력을 한 가지 이상 갖추고 있다고 말할 수 있다. 그래서 어떤 분야에서든 상위에까지 오르기는 하지만, 최상위에 오르기는 어렵고 주변에 시기와 질투를 하는 사람들이 많다.

삼각형 눈

삼각형 모양의 눈은 위 눈꺼풀이 처져 생기는 경우가 많은데, 이런 눈을 가진 사람은 일단 난폭하고 오기가 매우 강하며 마음을 쉽게 드러내지 않다가 갑자기 화를 내는 식으로 독선적이기 때문에 주변 사람들을 당황하게 만든다.

그 때문에 인생에 굴곡이 많지만, 본인은 그것을 자기 탓이 아닌 주변 사람들 탓이라고 오해해 더욱 오기만 키우는 결과를 낳는다.

눈과 눈 사이가 넓은 사람

　흔히 '미간이 넓다'고 표현하는 눈이 눈과 눈 사이가 넓은 눈이다. 미간이 좁을수록 마음도 좁다고 보는데, 미간이 넓으면 그만큼 마음도 넓다는 뜻이다. 즉, 인정과 배려심, 양보심도 많다는 의미다. 따라서 사고방식이 치밀하다기보다는 어설픈 경향이 강하고, 머리는 좋은 편이 아니지만 인정은 매우 많아 이성의 유혹에 가장 쉽게 넘어가는 타입에 해당한다.

눈과 눈 사이가 좁은 사람

　눈과 눈 사이가 좁은 사람은 넓은 사람과 반대로 매우 신중하고 치밀한 성격이며 영리한 편이다. 어떤 일이든 함부로

덤비지 않고 신중하게 접근하기 때문에 한번 선택한 일은 반드시 성사시키는 완벽함을 보이며 꼼꼼하고 성실하다.

따라서 다른 사람의 유혹이나 언변에 쉽게 귀를 기울이지 않고, 객관적인 데이터를 바탕으로 모든 문제를 판단한다. 이성관계에서는 상대방을 피곤하게 하는 경우도 많다.

코

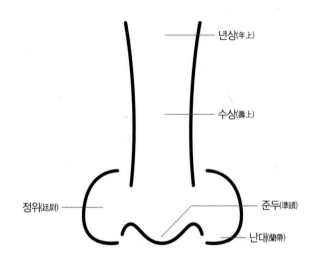

년상(年上)

수상(壽上)

정위(廷尉)

준두(準頭)

난대(蘭帶)

　"귀 잘생긴 거지는 있어도 코 잘 생긴 거지는 없다"는 말
이 있다. 그만큼 코(鼻)는 금전운과 밀접한 관계가 있으며,
자신을 나타내는 가장 강력한 주체에 해당한다.

　얼굴에서 마음을 표현하는 창문이 눈이라면, 코는 자기
자신이다. 세상은 자기 자신을 중심으로 돌아가는 것이고 마
음 역시 본인이 만족스럽고 행복하면 당연히 너그러워진다.
하지만 힘들고 지쳐 있는 상황에서 마음을 바르게 가진다는
것은 결코 쉬운 일이 아니다.

　"의식이 족해야 예를 안다"고 했듯, 사람은 의식이 풍족해

야 예의를 차릴 수 있다. 눈과 코 중에 어느 것이 더 중요하다 말하기는 어렵지만, 굳이 점수를 매긴다면 본인을 위해서는 코, 사회적으로는 눈이라고 말할 수 있다.

코는 삼정에서는 중정, 삼재에서는 인재, 소인형상법에서는 허리와 척추, 음부, 역소인형상법에서는 유방과 가슴, 폐를 의미한다.

코는 얼굴에서 중심을 차지하고 있는 만큼 '얼굴의 주인공'이라고 말할 수 있기 때문에 주변이 잘 받쳐주고 있어야 길상이 될 수 있다. 금전운과 횡재수, 생활능력을 판단하는 재료로 이용하며 주관, 주체성, 추진력, 자존심, 성적 에너지, 건강 등도 알아볼 수 있는 부위다.

콧구멍도 사람마다 생김새가 약간씩 차이가 있는데 콧구멍이 크면 당연히 폐활량이 좋아 건강하고 대범하며 콧구멍이 작으면 소심하고 건강에 문제가 있을 수밖에 없다.

코의 길이는 기본적으로 삼정에서 중정 전체를 차지하는 만큼 얼굴 전체의 1/3 정도를 표준으로 볼 수 있으며, 길수록 생각이 깊고 보수적, 짧을수록 생각이 짧고 개방적이다. 콧구멍은 건강과 함께 금전의 출납을 관장하기 때문에 약간 보일 듯 말 듯한 정도가 최고이며, 들여다보이는 범위가 많을수록 지출과 낭비가 많고, 가려져 있을수록 인색하다고 볼 수 있다.

한편 코의 높이는 자존심과 활동 범위를 나타내는데 코가 높을수록 자존심이 강하고 감수성이 좋으며, 코가 낮을수록 자신감이 부족하고 빈천한 상으로 본다.

여성의 경우, 코는 남편을 상징하기도 하기 때문에 길이가 적당하면서 큼직하고 콧방울이 잘 갖추어져 있으면 귀한 남편을 만날 수 있다. 길이가 짧고 낮거나 콧구멍이 훤히 들여다보이면 낭비와 도박, 유흥에 빠지기 쉬운 남편을 만나고생을 하게 된다고 판단한다.

코는 적당한 높이와 길이에 살집이 도톰하게 붙어 있으면서 곧게 뻗어 내려와 큼직한 콧방울이 양쪽에 뚜렷하게 붙어 있어야 길상으로 본다. 코에 점이나 사마귀, 상처, 주름 등이 있으면 금전운과 건강에 심각한 문제가 발생할 수 있다.

반듯하고 잘 생긴 코

코의 길이가 1/3 정도로 적당하면서 반듯하게 일직선으로 내려와 있고, 높이도 지나치게 튀어나오지 않으면서 적당히 자리를 잡고 있고, 콧방울이 두툼하게 붙어 있으면서 콧구멍이 적당히 가려져 있는 코를 가리켜 '잘 생긴 코'라고 한다. 이러한 코를 가진 사람은 자신감이 넘치고 적극적이며 건강한 신체를 소유하고 있는 편이다. 추진력과 끈기도 있어 운세 역시 매우 강한 편이다.

잘 생긴 코는 다른 부위와의 조화에 따라 변화가 있을 수 있지만, 기본적으로 금전운이 매우 좋고 중년에 큰 성공을 거둘 수 있다.

살집이 거의 붙어 있지 않아 얇아 보이는 코

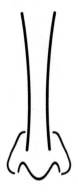

코에 살집이 거의 없어 앞에서 보았을 때 칼날처럼 보이는 코를 가진 사람은 신경이 예민하고 건강에도 자신이 없기 때문에 짜증을 잘 내며 끈기와 인내도 부족하다. 만약 광대뼈가 유난히 두드러져 있다면 몸은 약한데 성질만 있는 식이 되어 극단적인 신경쇠약에 걸릴 가능성이 높고, 허풍과 낭비가 심해 금전적으로 큰 고통을 받게 된다.

기본적으로 코가 얇은 것은 뼈대는 있는데 살집이 없는 격이기 때문에 부족한 살집을 채우기 위해 자신을 최우선으로 생각하고 다른 사람의 상황이나 형편은 고려할 수 없는 상황을 만든다. 건강이 매우 약하고 금전적으로도 빈곤하기 때문에 모든 면에서 신경질적일 수밖에 없다는 점을 이해해야 한다.

낮은 코

낮은 코는 옆에서 보았을 때, 마치 무언가로 눌러놓은 것처럼 납작하게 생긴 코를 가리킨다. 코의 높이는 추진력, 주관, 주체성, 자존심 등과 관련이 있는데 코가 낮다는 것은 그만큼 배짱이 부족하고 다른 사람의 말에 현혹되기 쉬우며 세상에 순응하면서 살아간다는 의미다.

따라서 자신이 원하는 인생을 살기 어렵기 때문에 늘 가슴이 답답하고, 할 말을 하지 못한 채 참아야 하기 때문에 혼자 있을 때는 항상 고민에 빠져 지낸다. 따라서 정신적으로 매우 불안한 인생을 보낼 가능성이 높다.

코끝이 둥근 코

코를 자세히 살펴보면 코끝이 둘로 갈라진 것처럼 보이는 사람, 뾰족한 사람, 둥근 사람 등 끝부분에 많은 차이가 있다는 사실을 알 수 있다. 코의 끝부분은 코의 모든 정기가 모여 형성된 결과물이라고 볼 수 있다. 따라서 코끝은 둥글수록 좋다고 해석할 수 있다. 단, 중간 부분이 납작하거나 휘어 있거나 하는 흉상이 없어야 한다.

코끝이 유난히 둥근 사람은 배짱이 있고 자존심이 강하며 세상 살아가는 지혜를 일찍 터득해 금전적으로 안정을 유지할 수 있다.

코끝이 뾰족한 코

　코끝이 뾰족해 마치 송곳처럼 보이는 사람은 중요한 부분을 찌르는 것처럼 어떤 상황이나 환경에서 중요한 부분을 순간적으로 잡아내는 능력이 뛰어나다. 기획력도 좋고 창조적이며 두뇌회전도 빠르다.

길이가 짧은 코

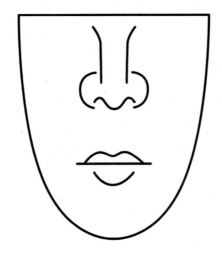

코의 길이는 얼굴의 1/3 정도가 적당한데 언뜻 보기에도 그보다 훨씬 짧아 보이는 코를 가진 사람은 신중하지 못하고 사고력이 부족한 편이다. 하지만 그만큼 사람들과 재미있게 잘 어울리고, 상황이나 환경에 즉흥적으로 대응하는 능력이 뛰어나다. 따라서 인간관계 측면에서 함께 어울리고 즐기는 대상으로는 매우 바람직하나 사회생활이나 업무, 일처리 능력은 매우 부족한 편이다.

길이가 긴 코

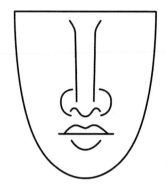

얼굴의 1/3 이상으로 길이가 긴 코를 가진 사람은 모든 면에서 신중하고 생각이 깊기 때문에 말을 함부로 하지 않으며 속내를 쉽게 드러내 보이지 않는다. 또 생각이 깊은 만큼 상대방에 대한 배려와 이해심도 깊어 주변 사람들의 상담 상대가 되어주는 경우가 많다. 따라서 종교인이나 상담사, 학자가 잘 어울린다.

하지만 본인을 매우 중시하는 성격이고 자존심이 강하기 때문에 다른 사람의 부족한 부분을 분석하고 비판하는 일에는 뛰어나지만, 자신의 부족함은 돌아보지 않아 자기중심적인 사고에 빠지기 쉬우므로 본인부터 돌아보는 습관을 갖추어야 한다.

매부리코

매의 부리처럼 코끝이 내려가 콧구멍이 전혀 들여다보이지 않는 코를 '매부리코'라고 한다. 이런 코를 가지고 있는 사람은 감각이 뛰어나고 상황판단이 매우 빨라 실수를 거의 하지 않으며, 방어본능과 자기애도 매우 강하다.

따라서 매우 이기적인 습성이 있고 타산적이기 때문에 손해 보는 일은 절대로 하지 않아 의리가 없다는 비판을 자주 듣는다.

코는 자신을 뜻하는데, 자신의 모습을 그대로 드러내 보이는 곳이 바로 콧구멍이다. 콧구멍은 금전의 지출과도 관련이 깊다. 그런데 그런 콧구멍이 전혀 들여다보이지 않는다는 것은 자신을 감추는 능력이 뛰어나다는 의미이며, 소비에도 인색하다는 뜻이다.

들창코

들창코는 매부리코와 반대되는 코로, 가장 큰 특징은 콧구멍이 훤히 들여다보인다는 것이다. 또 매부리코와 상반되는 점으로 대부분 길이가 짧다는 특징이 있다.

의미 역시 매부리코와 정반대인데, 즉흥적으로 금전을 지출하는 식으로 사치와 낭비, 허영이 매우 심하다. 따라서 주변 사람들에게는 '기분파'라는 말을 듣지만, 정작 자신은 늘 금전적으로 허덕이는 생활을 한다.

코끝이 위를 향한 코

코끝은 성격의 밝고 어두운 면을 나타내는 척도라고 말할 수 있다. 즉, 올라갈수록 성격이 밝고 이상이 높으며 도전 정신이 강하다 말할 수 있고, 내려갈수록 성격이 음침하고 현실적이며 현재 가지고 있는 것을 지키려는 경향이 강하다.

코끝이 올라간 코는 들창코와는 다르다. 어떤 경우든 끝부분이 올라간 코는 모두 여기에 해당한다.

이런 사람은 낙천적이지만 이상이 높아 명예와 관련된 부분에서 자존심을 내세우는 편이다. 또 늘 새로운 대상에 도전하려는 의욕이 넘친다. 이성을 선택할 때도 자신보다 조금이라도 나은 상대를 원하고, 대인관계 역시 그런 식으로 네트워크를 형성하기 때문에 사회적으로 성공할 가능성이 높다.

코끝이 아래를 향한 코

코끝이 내려간 코는 매부리코와는 다르다. 매부리코의 특징은 매의 부리처럼 약간 휘어 있지만, 코끝이 내려간 코는 직선으로 뻗어 있으면서 끝부분만 내려가 있다.

이런 사람은 현실주의자로 이상이나 꿈보다는 현실적인 부분에 더 많은 비중을 두고 살기 때문에 일처리 능력이 매우 뛰어나고, 실수를 하는 경우가 거의 없다. 또 가능성만을 보고 모험을 시도하지 않기 때문에 이런 사람이 만드는 기획은 대부분 현실적으로 성공 가능성이 매우 높다. 하지만 속내를 쉽게 드러내지 않고 비밀이 많아 인간관계에서는 속을 알 수 없는 사람이라는 말을 듣기 쉽다. 그 정도로 생각이 깊기 때문에 실수를 하지 않는 것이다.

옆으로 휜 코

말 그대로 콧날이 옆으로 휘어져 있는 코를 가리킨다. 단, 권투 등의 운동을 통해 코가 휘었을 경우에는 그 이후부터의 운세를 좌우한다고 해석한다.

왼쪽이든 오른쪽이든 콧날이 한쪽으로 휘어져 있는 사람은 성격이 왜곡되어 있고 심리적으로 불안해 늘 불안정한 모습을 보인다. 또 중년에 이르러 예상하지 못한 큰 변화를 겪게 될 가능성이 높기 때문에 큰돈을 투자하는 일은 삼가야 한다.

곰보 코

코의 끝부분과 콧방울이 마치 곰보처럼 올록볼록하게 패여 있는 코를 '곰보코'라고 한다. 코를 살펴보다 보면 뜻밖에 이런 코를 가진 사람이 꽤 많다는 사실을 알 수 있다. 이런 코를 가진 사람은 금전적으로 출납이 매우 빈번하며 성격이 대범하고 호탕해 주변에 늘 사람들이 모인다. 전형적인 '기분파'라고 할 수 있다.

특히 남성의 경우, 유흥과 이성에 매우 관심이 많고 자기중심적이기 때문에 결혼 전에는 의리 넘치는 멋진 남성이라는 평가를 받지만, 결혼 이후에는 아내의 마음을 아프게 할 가능성이 매우 높다.

계단 코

코는 기본적으로 반듯해야 한다고 했다. 그런데 중간에 계단처럼 층이 있는 사람은 중년에 큰 낭패를 볼 가능성이 높고, 성격과 언행이 거칠면서 공격적이기 때문에 사람들과 다툼이 많고 품위도 유지하기 어렵다.

서양인에게서 흔히 볼 수 있는 코로, 코에 층이 있다는 것은 본인을 자극하는 상황이 발생했을 경우 평소 보이던 언행과 달리 순간적으로 그 상황에서 자신을 내세우려는 과격한 행동을 하기 때문에 공격적으로 보이는 것이다. 자신은 이것을 자존심 회복이라고 생각하지만, 상대방의 입장에서는 지나친 자기 과신으로 보여 주변 사람들에게 좋은 인식을 주지 못한다.

즉, 자기중심적인 사고가 강해 어디에서든 중심에 서고 싶어 하기 때문에 지탄의 대상이 될 수 있다는 얘기다. 또 외모를 중시해 깔끔하기는 하지만, 상황 분별없이 자신을 내세우려 하기 때문에 역시 비판의 대상이 되기 쉽다.

인중

　인중(人中)은 코 바로 아래에서 윗입술 바로 위까지 한가
운데 수직으로 이어져 있는 고랑 같은 부분을 가리킨다. 인
중의 형태는 수명과 자녀, 건강, 생식능력 등을 알아보는 재
료다.

　간단히 설명하면, 인중의 세로 길이는 수명과 배려심 등
을 알아보는 재료이고, 가로의 폭은 사고력의 깊이, 정조관
념, 정신적 상황 등을 알아보는 재료다. 즉, 인중이 길면 장수
한다고 보고, 폭이 넓을수록 너그럽고 인자한 사람이며 깊이
가 깊을수록 사고력이 깊다고 보는 것이다. 반대인 경우에는
해석 역시 반대다.

　인중은 위쪽보다 아래쪽이 넓어야 무난하고 평탄한 인생
을 보내며 나이를 먹을수록 안정된 생활을 누릴 수 있다고
본다. 인중에 점이나 사마귀, 상처, 주름 등이 있으면 생식능
력, 애정운, 자녀운, 의식주에 문제가 발생한다고 본다. 인중
이 똑바로 내려오지 않고 휘어 있는 사람은 코가 휜 것과 마
찬가지로 신뢰감이 없고 이중적 사고를 가진다.

　여성의 경우, 정소인형상법에서는 머리에 해당하고 역소
인형상법에서는 자궁으로 이어져 있는 질에 해당해 특히 애
정운과 자녀운을 판단하는 데 많이 이용된다. 이처럼 눈에

잘 띄지 않는 부위지만, 판단재료로는 매우 중요한 가치를 가지고 있는 부위가 인중이다.

한편 콧수염이 자라는 인중의 양쪽 부분은 음식, 생계와 관련이 있는 부분으로 관상학에서는 '식록(食祿)'이라고 부르는데, 이곳이 널찍하면서 살집이 도톰하게 붙어 탄력을 갖추고 있어야 금전운이 좋다고 본다. 식록이 좁은 사람은 금전적으로 고난이 많다고 본다. 이것은 코와 관골의 관계와 비슷하다고 말할 수 있다.

인중은 길고 깊고 넓어야 좋으며, 식록이 옆에서 받쳐주고 있으면 더 길상이다.

가로 주름이 있는 인중

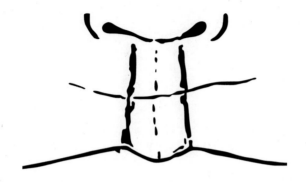

　마치 인중을 가르듯 가로로 주름이 있으면 자녀를 늦게 얻거나 두기 어려운 상이다. 또 여성의 경우, 남편과 일찍 사별하거나 남편의 생활력이 부족해 가정생활을 유지하기 어렵다. 한편 젊은 여성이 웃을 때 이런 식으로 가로주름이 생기면 결혼 전에 이성관계가 복잡해 자궁에 문제가 생길 상으로 본다.

중심선이 뚜렷한 인중

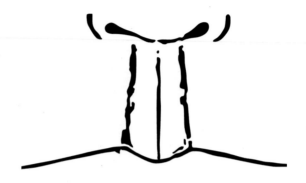

　인중을 구성하는 두 개의 세로선은 그다지 뚜렷한 편이
아닌데, 한가운데의 중심에 해당하는 부분만 선명하게 눈에
띄는 사람은 양자를 들여야 할 상으로 본다. 즉, 자녀를 두기
어려운 상으로, 여성인 경우 이미 자녀가 있는 가정으로 시
집을 가서 남의 자녀를 키워야 하는 상황이 발생하기도 한
다. 단, 그 은혜는 받을 수 있다.

넓고 얕은 인중

인중의 폭이 넓고 깊이가 얕아 인중이 뚜렷하게 보이지 않는 사람은 기본적으로 마음이 너그럽고 대범해 사소한 일에 얽매이지 않으며, 사교성이 좋아 인간관계의 폭이 넓다. 만약 청소년기부터 이런 식으로 폭이 넓으면 성적으로 조숙해 남녀 모두 일찍 성경험을 하게 되는데, 여성의 경우에는 다양한 남성을 경험한다.

결혼 역시 일찍 하는 편이고 결혼을 하면 즉시 임신과 출산을 해서 일찍 어른이 되며, 출산은 순산으로 장애를 겪지 않는다. 단, 가로 주름이나 점 등이 없어야 한다.

세로선이 희미한 인중

　언뜻 보면 인중이 없는 것처럼 보일 정도로 깊이가 얕아서 세로선이 희미해 보이는 인중을 가진 사람은 건강이 약하고 끈기가 부족하며 자녀운도 없다고 본다. 설사 자녀를 둔다 해도 일찍 헤어져야 하는 경우가 많으며 여성이 이런 인중을 가지고 있으면 불임 가능성이 높다. 또 본인 자신도 병약하기 때문에 젊은 나이에 큰 질병을 앓을 가능성이 매우 높다.

위가 좁고 아래가 넓은 인중

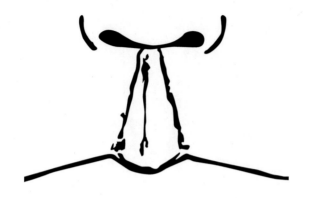

　인중은 위가 좁고 아래가 넓은 것이 좋다. 그래야 나이를 먹을수록 생활이 안정되고 운도 좋아지기 때문이다. 단, 이런 인중은 대기만성 타입으로 애정운이나 결혼운 역시 늦게 들어오는 타입이기 때문에 젊은 시절에는 외로움을 많이 탄다. 그렇다고 결혼을 일찍 하게 되면 자녀를 두는 시기가 늦어진다.

위가 넓고 아래가 좁은 인중

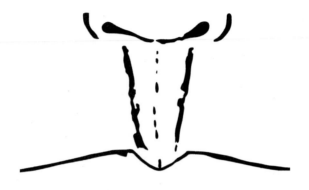

위가 좁고 아래가 넓은 인중과 정반대의 경우로, 이런 경우 나이를 먹을수록 운이 나빠진다고 보며 이른 나이에 이성을 경험하고 결혼도 일찍 할 가능성이 높다. 하지만 결혼 이후부터는 운이 나빠져 자녀를 두기 어렵고 설사 둔다 해도 관계가 좋지 않으며, 중년에 이르면서부터 생활고에 시달리게 된다.

가늘고 좁은 인중

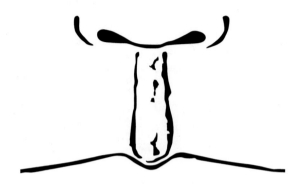

가로 폭이 좁아서 가늘어 보이는 인중은 성실하기는 하지만 소심하고 신경질적이며, 사고력의 폭이 좁아 자신만 생각하는 이기주의자일 가능성이 높아 인간관계에서 교제의 폭이 매우 좁다. 특히 이성문제에서 이런 경향이 더 강하게 나타나는데, 한번 상대를 선택하면 그 사람에게만 집착해 자신만을 바라보라고 구속하는 탓에 상대방을 지치게 만드는 경향이 있다.

길이가 짧은 인중

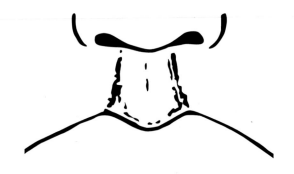

　인중이 길수록 사고가 깊다고 본다. 따라서 인중이 짧다는 것은 그만큼 생각이 짧다는 의미이며, 즉흥적이고 감정적이어서 나중에 후회하게 되는 성격이다.

　대부분의 경우, 인중이 짧아 보이는 것은 윗입술이 위쪽으로 말려 올라갔기 때문이며 특히 젊은 여성에게서 많이 볼 수 있는 상이다. 이런 여성은 사고력이 부족해 남성의 유혹에 쉽게 넘어간다. 바꿔 말하면 인생을 긍정적으로 보고 살아가는 타입으로 즐겁고 재미있는 일에 관심이 많기 때문에 나타나는 현상이다. 남성 역시 밝고 명랑한 사람이 많다.

길이가 긴 인중

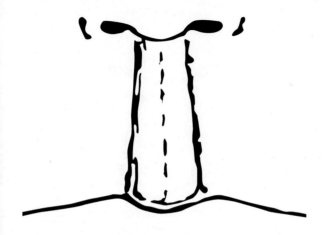

긴 인중은 대부분 남성에게서 많이 볼 수 있는 상이다. 이런 사람은 가족, 혈연과의 유대관계에 강한 의식을 가지고 있으며 배려심이 잘 갖추어져 있어 너그럽고 인자하며, 여성의 경우 출산을 할 때 난산을 하게 될 가능성이 높다.

인간관계에서는 인내심이 강하고 배려심도 갖추고 있기 때문에 어른스러운 경향이 있어 리더로 활동하는 경우가 많다. 하지만 지나친 배려 때문에 본인은 손해를 보는 경우가 많다.

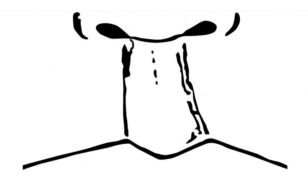

　휘어 있는 인중은 다양한 인중 중에서 가장 안 좋은 경우다. 대부분의 경우, 치열의 상태와 관련이 있지만 치아의 상태가 그렇게 비뚤어져 있는 것 역시 좋은 상이 아니기 때문에 인중이 옆으로 휘어 있으면 일단 흉상으로 본다.

　휜 정도가 선명하게 눈에 띄는 사람은 자녀운이 극단적으로 나쁘며, 이성관계에서도 삼각관계나 양다리 걸치기 등의 바람직하지 않은 행동으로 비난 받는 경우가 많다.

입과 입술

입은 음식을 섭취하고 숨을 내쉬는 역할을 담당하는 부위로 코와 함께 호흡기 계통의 역할을 담당하고, 독단적으로 위장 계통과 깊은 관련이 있다.

코가 크면 폐활량이 많은 것과 마찬가지로 입이 클수록 식욕도 왕성하고, 그 결과 건강한 신체를 유지할 수 있다. 입이 작으면 음식에 대한 기호가 까다롭고 성격도 소심하며 병약할 수밖에 없다.

또 음식을 섭취할 때나 말을 할 때를 제외하면 항상 굳게 닫혀 있어야 이물질이 들어가지 않을 뿐 아니라 정기가 외부로 새어나가지 않는다. 또 입술 색깔이 붉고 건강해 보여야 신체도 건강하고 혈액순환도 좋다는 의미가 된다. 입은 삼정에서는 하정, 삼재에서는 지재에 해당하며, 여성의 경우 특히 자궁과 관련이 깊다.

원숭이를 보면 입이 앞으로 상당히 튀어나와 있다는 사실을 알 수 있는데, 이는 사람 역시 덜 진화했을수록 입이 돌출되어 있다는 의미다. 그렇기 때문에 입이 튀어나온 사람은 감정적이고 체력이 강하다. 단, 뾰족하게 튀어나온 경우는 의미가 달라서 비판적이고 시기와 질투가 강하며 언행이 천박해 운세 역시 좋을 수 없다. 여성이 뾰족하게 튀어나온 입을 가지고 있으면 이기적이고 타산적이며 비판을 잘 하고 시기와 질투가 강해서 부부운이 매우 나쁘고 인간관계도 나쁘다.

또 입이 뒤로 들어간 것처럼 오목하게 생기거나 전혀 돌출되어 보이지 않는 사람은 내성적이고 마음을 쉽게 드러내지 않는 음흉한 면이 있다.

아랫입술이 윗입술보다 약간 더 커 보이면서 도톰한 모양을 갖추고 있고, 붉은 혈색이 감돌면서 세로 주름이 적당히 있고 윤곽이 뚜렷해야 길상으로 본다. 윤곽이 뚜렷하지 않은 사람은 맺고 끊음이 정확하지 않아 무슨 일을 하든 건성으로 처리한다. 따라서 신뢰를 얻기 어렵고 배우자에게도 신뢰를 얻기 어렵다.

남성은 가능하면 굳게 다문 강한 느낌을 주는 입이 길상이고, 여성은 부드러움을 느낄 수 있게 윤곽이 뚜렷한 입이 길상이다.

큰 입

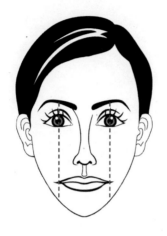

　입의 크기는 보통 좌우 눈동자를 기준으로 해 수직으로 선을 내리그었을 때, 선의 폭보다 큰 경우를 크다고 보고 선의 폭보다 작은 경우를 작다고 판단한다. 시각적 효과도 있기 때문에 시각적으로 커 보이면 일단 크다고 판단하면 된다. 관상에서는 '사람들에게 어떤 이미지로 비쳐지는가'도 일종의 기준으로 작용하기 때문이다.

　입이 큰 사람은 성격이 대범하고 식욕이 왕성해 체력이 매우 뛰어날 뿐 아니라 추진력과 실행력 등이 강한 편이다. 또 힘들고 어려운 상황이 닥쳐도 좌절하지 않고 어떻게든 그 상황을 벗어나기 위해 인내력을 발휘하면서 이겨내는 믿음직한 사람이다.

작은 입

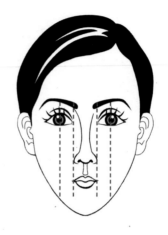

입이 작은 사람은 소심하고 겁이 많으며 모든 일을 정확하게 처리해야 직성이 풀리는 성격이지만, 그만큼 세심한 면도 뛰어나 실수를 저지르지 않기 때문에 꼼꼼한 일을 해야 하는 직업이 잘 어울리며 문서 업무 쪽에 강하다.

건강은 약한 편이고 내성적이기 때문에 자신의 매력을 발산하는 배짱이 부족하고 인내심도 부족한 편이다. 일의 시작은 잘 하지만 마무리를 제대로 짓지 못하는 결과를 낳아 신뢰를 잃기 쉽다.

돌출되어 튀어나온 입

입이 튀어나온 경우는 두 가지가 있다. 하나는 입 주변 전체가 크게 튀어나와 있는 경우이고, 또 하나는 입만 뾰족하게 튀어나온 경우다. 뾰족하게 튀어나온 경우는 뒤에서 다루기로 하고, 여기에서는 입 주변 전체가 크게 튀어나와 입 자체가 커 보이는 경우를 설명한다.

입이 크게 튀어나온 사람은 배짱이 있고 추진력이 있으며 인정도 많아 상대방의 입장을 이해하고 배려하는 자세가 잘 갖추어져 있다. 뿐만 아니라 자신이 직접 나서서 문제를 해결해주는 의리도 있다.

뒤쪽으로 들어간 입

입이 뒤쪽으로 들어가 있는 사람은 내성적인 성격이기 때문에 자신의 마음을 있는 그대로 드러내지 않고 우물거리는 식으로 회피해 '속을 알 수 없는 사람'이라는 비난을 받기 쉽다. 하지만 자신에게 주어진 일은 확실하게 처리하는 꼼꼼함을 갖추고 있고, 모든 면에서 신중하게 행동하며 위험한 도전은 하지 않는다.

다만 이기적인 면이 강해 이익이 되지 않는 상황은 가능하면 피하려 하기 때문에 의리는 부족한 편이다.

두꺼운 입술

위아래 입술 모두 살집이 풍부해서 도톰한 느낌을 주는 입술은 체력이 건강하고 적극적이며 배포가 커서 어떤 자리에서든 자신의 존재를 인정받는 길상이다. 또 매우 정열적이기 때문에 이성에 일찍 눈을 뜨고 이성을 다루는 능력도 적절히 갖추고 있으며 금전운도 매우 좋은 편이다.

두뇌 회전도 좋은 편이어서 사무직 노동자가 어울리고, 배포도 있기 때문에 사업가로서도 잘 어울린다. 단, 사업을 하려면 입도 큰 편이어야 한다.

얇은 입술

입술이 얇은 사람은 기본적으로 정이 부족하고 이기적이며 말이 많고 의심이 많아 빈천한 상으로 본다. 마음을 주고받는 사랑이나 정이 오가는 인간관계보다는 이익을 우선하고 자신의 즐거움을 우선하는 사랑과 인간관계를 형성하기 때문에 시간이 흐를수록 사람들에게 신뢰를 잃고 이기적인 사람이라는 비난을 받게 된다.

또 사람을 의심하고 평가하는 언행을 보이면서 말이 많기 때문에 주변 사람들을 피곤하게 만들뿐 아니라 지치게 만들기도 한다.

아랫입술이 두꺼운 입

윗입술은 보통인데 아랫입술이 두꺼운 사람은 기본적으로 이기적이며 자신을 가장 우선시하기 때문에 손해를 하는 행동은 절대로 하지 않는다.

가끔 윗입술은 거의 보이지 않고 아랫입술만 유난히 두꺼운 사람이 있는데 이런 사람은 극단적인 이기주의자다.

단, 이성에게는 매우 약해서 돈을 아끼지 않고 어떻게든 친해지기 위해 노력하지만, 동성끼리의 의리나 사업적인 신뢰는 얻기 어렵다. 금전운은 좋은 편이다.

윗입술이 두꺼운 입

아랫입술은 받아먹는 이미지를 떠올리면 이해하기 쉽고, 윗입술은 베풀어주는 이미지를 떠올리면 이해하기 쉽다. 즉, 윗입술이 두꺼운 사람은 아랫입술이 두꺼운 사람과는 정반대라고 생각하면 된다.

기본적으로 인정이 많고 다른 사람을 이해하는 배려심이 깊어 늘 누군가에게 무엇이든 퍼주려 하는 사람이다. 따라서 주변에 늘 사람이 끊이지 않는다.

단, 의지력이 약하고 현실보다는 이상적인 삶을 추구하기 때문에 금전적으로는 풍요롭지 못하며 남의 일에 지나치게 간섭한다는 이미지를 심어주기 쉽다.

구각이 올라간 입

구각(口角)은 입술 양쪽의 끝부분을 가리키는 말로, 가만히 있어도 구각이 위쪽으로 올라가 보이는 사람은 긍정적이고 진취적인 성격을 갖추고 있어 일찍 안정된 생활을 할 수 있으며 주변 사람들을 즐겁게 해주는 능력이 뛰어나다.

하지만 지나치게 낙천적인 성격 때문에 상황을 오판하는 경우가 많고, 자존심 때문에 쓸데없이 낭비를 하거나 손해를 볼 가능성이 높다.

구각이 내려간 입

구각이 내려간 입을 가진 사람은 어떤 경우에도 자신의 뜻을 관철시켜야 직성이 풀리는 타입으로 다른 사람의 의견에는 귀를 기울이지 않는 고집이 있고, 그만큼 신념도 매우 강하다.

또 말수가 적은 편이고 행동으로 보여주는 타입이며 배짱과 명예욕이 강해 보스가 잘 어울리는 타입이다. 하지만 본인의 사고를 지나치게 믿기 때문에 주변 사람들을 힘들게 하거나 감정을 앞세워 쓸데없이 인간관계를 무너뜨리는 실수를 많이 저지른다.

뽀족하게 튀어나온 입

앞에서 설명한 크게 튀어나온 입과 달리, 입 자체만 뽀족하게 튀어나와 마치 새의 부리처럼 보이는 입으로 다른 사람의 단점이나 가슴 아픈 과거를 꼬집고 비판하는 것을 좋아하는 성격이다. '항상 벌어져 있는 입' '뒤집어진 입술'과 함께 매우 나쁜 흉상에 해당한다.

머리는 좋은 편이고 상황이나 분위기를 즐겁게 만드는 능력은 뛰어나 어떤 사람을 만나든 좋은 인상을 심어주지만, 감정조절 능력이나 진지함 등이 결여되어 있다는 사실이 알려지면서 시간이 지날수록 사람들에게 신뢰와 존경을 잃게 된다.

뒤집어진 입술

윗입술이 말려 올라간 것처럼 생겨서 마치 뒤집어진 듯한 인상을 주는 입을 가진 사람은 뾰족한 입과 마찬가지로 말이 많은 편이다. 다른 사람의 단점 비난하기를 좋아하며 반드시 이겨야만 직성이 풀리는 독선적인 성향이 강해 흉상에 해당한다.

사실은 자신이 가장 많이 비난받을 일을 저지르면서도 자신의 잘못은 돌아보지 않고 다른 사람의 단점만 지적하고 비난하는 경향이 강하다. 툭 하면 나서기를 좋아하고 자신의 감정이 조금만 상하면 즉시 표정에 드러나 분위기를 어둡게 만들기 때문에 시간이 흐를수록 주변 사람들이 등을 돌리게 된다. 따라서 주변에 오랜 시간 돈독한 관계를 유지하는 사람이 거의 없다.

윗입술이 튀어나온 입

윗입술이 튀어나온 사람은 부드럽고 따뜻한 성격에 배려심이 깊어 어떤 사람들과도 잘 어울리며 사회생활에 잘 적응한다. 단, 소심하고 겁이 많은데다 자기주장 또한 약해서 심리적으로 불만이 쌓일 가능성이 높다.

또 인내심이 부족하고 현실보다는 이상을 추구하는 면이 강해서 어딘가 다른 세상에 사는 사람 같은 언행을 보이는 경우가 있다. 인정이 많아 베풀고 배신을 당하는 식으로 남에게 이용을 당하는 경우도 많다.

아랫입술이 튀어나온 입

아랫입술이 튀어나온 사람은 자기주장이 매우 강하며 이기적이고 현실적이기 때문에 무엇보다 자신을 먼저 생각하고 다른 사람의 상황은 돌아보지 않아 자기밖에 모르는 사람이라는 비난을 받을 가능성이 높다. 단, 이기적인 만큼 금전적으로는 풍요로운 생활을 누릴 수 있으며 성공할 가능성도 높다.

항상 벌어져 있는 입

구강구조 때문에 입이 벌어져 있는 것이 아니라 왠지 힘이 없는 듯 늘 입을 벌리고 있는 사람이 있는데, 이런 사람은 기본적으로 건강이 좋지 않아 지병을 앓고 있을 가능성이 높다. 또 자신에 대한 방어능력이 부족해 이성의 유혹에 쉽게 넘어가는 반면 신뢰감은 주지 못하기 때문에 주변에 믿을 사람이 없어 늘 고독하게 지낸다.

가족과의 인연도 좋은 편이 아니고, 언행에 절제가 없어 주변 사람들에게 인정을 받기 어렵다.

이

이(齒)는, 사냥감의 목숨을 끊는 일종의 무기 역할을 하며, 동시에 음식물을 잘 소화하기 위해 절단하고 부수는 역할도 담당하는 부위다. 따라서 길고 튼튼하며 고르게 자라야 길상으로 본다.

특히 앞니는 관상학에서 인상을 결정짓는 숨은 보물 같은 부위다. 따라서 두껍고 큼직해 마치 대문처럼 시원스럽게 보여야 길상으로 본다. 단, 지나치게 크면 흉상의 작용을 한다.

또 어린 시절에 이가 한 차례 빠지고 다시 자라는 과정을 겪으면서 모양이 변화를 겪기 때문에 치열의 상태를 보고 가정환경과 가족관계를 짐작할 수 있으며, 성인이 된 이후에는 이성과의 애정운도 볼 수 있는 부위기도 하다.

앞니 두 개가 빈틈없이 반듯하고 큼직하게 잘 갖추어져야 있어야 길상으로 보며, 앞니 두 개의 사이가 크게 벌어지거나 이가 큼직하지 않고 작은 경우에는 신뢰가 부족하고 말을 함부로 해 사람됨이 빈천하다고 판단한다. 치열이 고르면서 밝은 빛이 나면 길상으로 보고, 비뚤어지거나 빈틈이 많으면 빈천한 상으로 본다.

즉, 이는 치열이 고르고 길고, 두꺼우며, 반듯하게 자라 깨끗하고 맑은 빛을 내는 것이 최고의 길상이다.

고르고 가지런한 이

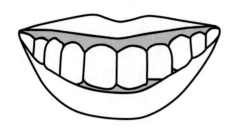

말할 필요도 없이 고르고 가지런한 이는 최고의 길상이다. 미소를 지을 때, 크게 웃을 때 고른 이가 밝게 빛나는 이미지를 준다면 기분 나쁘게 받아들일 사람은 아무도 없을 것이다.

이런 이를 가진 사람은 어린 시절에 가족의 사랑을 듬뿍 받으며 자랐다고 볼 수 있으며, 건전하고 정직한 사고방식을 지니고 있기 때문에 인간관계에서 신뢰를 통해 일찍 성공을 거두게 된다. 결혼운과 자녀운도 모두 좋은 길상이다.

뻐드렁니

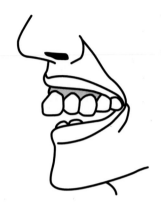

흔히 '뻐드렁니'라고 부르는 이는 위아래의 이가 앞쪽으로 튀어나와 입 전체가 튀어나와 보이는 이를 가리킨다. 이런 이를 가진 사람은 추진력과 실행력이 좋고 말솜씨도 좋다. 또 자존심이 강하고 남에게 지는 것을 싫어하기 때문에 어디서든 리더가 되어야 직성이 풀리며, 그렇지 않은 경우에는 간섭과 잔소리가 많아 사람을 피곤하게 만든다.

옥니

'옥니'는 옆에서 봤을 때 이가 안쪽으로 들어가 보이는 이를 가리킨다. 이런 이를 가진 사람은 고집이 세고 자존심이 강해 어지간해서는 자신의 주장을 굽히지 않으므로 독단적이라는 비난을 받는 경우가 많다.

또 다른 사람의 의견을 무시하고 어떻게든 자신의 뜻을 관철시키려 하기 때문에 인간관계에서 다툼이 많고, '당하면 갚는다'는 식의 복수심도 강하다. 집착도 강하기 때문에 한 번 손에 넣은 것은 질리지 않는 한 절대 놓지 않으려 한다.

앞니 두 개가 벌어진 이

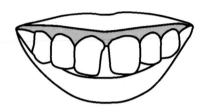

앞니는 대문 역할을 담당한다고 했다. 따라서 가지런히 잘 붙어 있어야 자신을 잘 보호하고 지킬 수 있다. 그런데 그 사이에 틈이 있다는 것은 대문이 벌어져 있어 결국 자기 스스로를 제대로 지키기 힘들다는 의미다. 따라서 이성에게 약해 쉽게 넘어가고 가슴 아픈 상처를 받기 쉽다.

또 금전운에서는 앞니가 재산을 지키는 역할을 하는데, 여기에 틈이 있으니 재물이 흩어질 수밖에 없다.

잇몸이 크게 드러나는 이

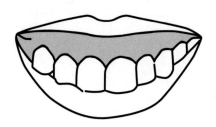

웃을 때 위쪽 잇몸이 훤히 드러나는 사람이 있는데, 남성 보다 여성에게서 많이 볼 수 있는 상이다. 누구나 웃을 때는 어느 정도 잇몸이 드러나긴 한다. 하지만 유난히 눈에 띄는 경우를 가리킨다.

이런 사람은 분위기를 즐겁게 만드는 능력이 있고 감정을 숨김없이 드러내는 시원스러운 면이 있지만, 유흥에 빠지기 쉽고, 가족 때문에 늘 신경을 써야 하는 답답한 생활을 하게 될 가능성이 높다.

앞니 두 개가 유난히 큰 이

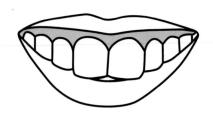

앞니 두 개는 대문 역할을 하며 부모에 해당한다. 따라서 앞니 두 개가 유난히 커 보이는 사람은 어린 시절에 부모와의 관계가 돈독하고, 좋은 집안에서 자랐기 때문에 생명력이 강하고 건강하다.

하지만 사랑을 많이 받고 자라다 보니 나약한 면이 있어 독립심과 자립심은 약한 편이다. 자칫 홀로 서기가 늦어질 수 있고, 다른 사람에게 의지하는 의타심에 젖기 쉽다.

덧니가 있는 이

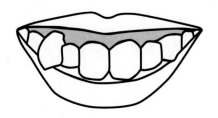

　덧니가 있으면 왠지 귀여운 인상을 준다. 덧니는 사냥을 할 때 사냥감의 목숨을 끊는 역할을 담당하는 송곳니가 변형된 것이다. 그런데 그런 송곳니가 그대로 남아 있다는 것은 동물적인 성향이 강하다는 의미다. 결국 이성보다는 감정에 이끌리기 쉬운 사람이라는 뜻이다. 그리고 그런 언행이 다른 사람들이 볼 때는 귀엽게 느껴지는 것이다. 그래서 사람들 사이에 인기가 매우 좋다.

치열이 고르지 못한 이

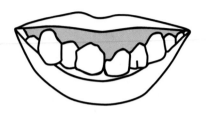

이를 보는 관상에서 가장 나쁜 흉상에 해당하는 것이 치열이 어지럽게 흐트러져 있는 상이다. 이의 크기가 다를 뿐 아니라 들쭉날쭉 어지럽게 자라 있는 이를 '난항치(亂杭齒)' 라고 부르는데, 이런 사람은 치열과 마찬가지로 말과 행동이 다르며 자기밖에 모르는 이기심이 매우 강할 뿐 아니라 부모 덕도 없어서 매우 나쁜 흉상으로 본다.

턱

턱(頷, 腮, 頤)은 삼정에서는 하정, 삼재에서는 지재에 해당하는 중요한 부위로 관상 용어로 '지각(地閣)'이라 부르기도 한다.

기본적으로 말년 운세와 아랫사람과의 관계, 주택 등의 거주지 관계, 자녀운 등을 살펴보는 곳으로 살집이 충분히 붙어 있으면서 늘어지지 말아야 하고, 범위가 널찍하면서 뾰족하지 않아야 길상으로 본다.

일반적으로 턱이라고 하면 입 아래에 해당하는 얼굴의 끝부분을 생각하지만, 실질적으로는 귀 밑까지 이어져 있는 하악골 전체를 살펴보아야 올바른 판단을 내릴 수 있다. 귀 바로 아랫부분을 '시골(腮骨)'이라고 부르는데 사람의 얼굴을 자세히 살펴보면 이곳이 큰 각을 이루면서 튀어나와 있는 사람이 있고, 각이 전혀 보이지 않는 사람도 있으며 완만한 곡선을 이루고 있는 사람도 있다. 그 형태에 따라 성격이나 운세에 차이가 발생하기 때문에 입 아랫부분의 턱만 보지 않고 하악골 전체를 보는 것이다.

턱에는 기본적으로 점이나 상처, 사마귀가 없는 것이 좋은데 그런 흠이 있으면 턱이 의미하는 모든 대상과의 관계가 나쁘게 작용하고 주거지가 안정되지 않는다고 보기 때문이다.

여성은 턱이 널찍하고 살집이 풍부해야 안정된 가정과 생활을 꾸릴 수 있지만, 뾰족하거나 좁거나 시골이 강하게 튀어나와 있는 사람은 인생에 파란이 많다. 그런데 관골이 튀어나와 있고 시골은 거의 보이지 않는 여성은 '유관무시(有觀無腮: 관골은 있지만 시골이 없다)'라 하여 흉상으로 보고, 턱은 널찍한데 이마와 머리가 작아 윗부분이 좁아 보이는 여성은 '지대천소(地大天小: 지재는 넓고 크지만 천재는 작다)'라 하여 역시 흉상으로 본다.

또 관골은 튀어나와 있는데 턱이 뾰족하게 생긴 여성은 '면생삼각(面生三角: 얼굴이 삼각형을 이루고 있다)'이라고 해서 남편을 극하는 흉상으로 보며, 턱이 좌우 어느 한쪽으로 비뚤어져 있는 여성은 '지각편사(地閣偏斜: 지각이 한쪽으로 기울었다)'라 해서 흉상으로 본다. 지각은 턱을 가리키는 말이다.

한편 얼굴의 뼈가 여기저기 울퉁불퉁하게 불거져 있고 시골이 각을 이루고 높이 튀어나와 있는 경우에도 '골기시고(骨起腮高: 뼈가 솟고 시골이 높다)'라 해서 역시 흉상으로 본다.

관상학 고전에도 다양한 형식으로 턱의 생김새와 해석이 소개되어 있으며, 얼굴 하부 전체를 나타낼 정도로 턱은 얼굴에서 차지하는 비중이 매우 큰 부위다.

큰 턱

정면에서 보았을 때, 면적이 넓고 큰 턱은 체력이 좋고 건강하며 아랫사람과의 관계, 자녀운, 금전운이 모두 여유가 있어 사업을 하면 성공을 거둘 가능성이 높고 강인한 끈기도 갖추고 있다. 또 주택운도 좋아서 말년에 편안하게 살 수 있다.

이런 턱의 아래선이 원을 그리듯 곡선을 이루고 있으면 인간관계도 부드럽고 따뜻해서 주위에 사람이 끊이지 않는다. 다만 지나치게 큰 경우에는 자기중심적인 성향이 강하고 상대방의 마음을 배려할 줄 모르기 때문에 이성에게 너무 집착해 피곤하게 만드는 경우가 많다.

작은 턱

정면에서 보았을 때, 턱이 매우 작아 마치 어린아이의 턱처럼 보이는 사람이 있는데 이런 사람은 체력이 약해서 지구력이나 끈기가 부족하기 때문에 활동성 있는 일보다는 사고력이 필요한 일에 잘 어울린다.

애정면에서는 적극성과 실행력이 부족하기 때문에 마음고생이 심하고, 인간관계에서는 아랫사람과의 관계가 서먹하고 주거지도 불안정해 말년에 힘든 생활을 할 수 있기 때문에 미리 대비하는 것이 좋다.

둥근 턱

정면에서 보았을 때, 턱 아래의 선이 둥글게 곡선을 이루고 있어서 완만해 보이는 사람은 성격이 관대하고 넓으며 포용력을 갖추고 있어 주변에 사람이 많다. 또 그 사람들이 제공하는 정보 덕분에 금전적으로 풍요로운 인생을 보낼 수 있는 길상이다.

특히 살집이 풍부한 턱은 남성보다 여성에게서 더 많이 볼 수 있는데, 이런 여성은 금전운과 가정운이 모두 좋아 행복한 가정을 이끌 수 있으며 말년에도 금전운이 끊이지 않는다.

뾰족한 턱

　정면에서 보았을 때, 좌우의 폭이 좁아서 가늘고 뾰족해 보이는 턱을 가진 사람은 예술적 재능이 뛰어나 예능이나 패션, 미용 등과 관련이 있는 일을 하면 성공을 거둘 가능성이 높다.

　하지만 기본적인 성격은 예민하고 소심하며 말로 사람을 공격하는 경우가 많아 인간관계에서 비난을 받을 가능성이 높고, 지적 능력만큼 실행이 따라주지 않아 이중적이라는 비난을 받기 쉽다.

각이 진 턱

　정면에서 보았을 때, 턱 전체의 뼈가 눈에 띄게 각이 진 인상을 주는 사람은 여성보다 남성에게서 많이 볼 수 있는데 체력과 의지 등이 강해 운동선수나 경찰, 군인 등의 직업에 잘 어울린다. 한번 마음먹은 일은 어떻게 해서든 성사시키는 강한 정신력을 가진 사람이다.

이중 턱

　정면에서 보았을 때, 턱 아래 두툼한 살집이 붙어 있어서 턱이 이중으로 보이는 사람 중에 살집이 적당히 붙어 있는 경우는 길상이다. 아랫사람과의 인연, 부동산 관련 운세, 애정운이 모두 좋아 주변 사람들로부터 존경받는 인생을 보낸다.

　특히 중년 이후에 부동산과 관련해 큰돈을 모을 수 있는 상이며, 사교적인 성격에 화술도 좋아 많은 사람을 거느릴 수 있다.

가운데가 갈라진 턱

정면에서 보았을 때, 아래턱의 가운뎃부분이 움푹 패여 턱이 둘로 갈라진 것처럼 보이는 상은 서양인에게서 많이 볼 수 있는데 예술적 감각이 뛰어나고 심미안을 갖추고 있기 때문에 연예인, 디자이너 등의 직업이 잘 어울린다. 창조력과 아이디어도 뛰어나 기획자로서도 성공을 거둘 수 있는 상이다.

또 정열적인 사람으로 헌신적인 사랑을 하기 때문에 한번 상대방을 선택하면 최선을 다해 애정을 쏟는 로맨티스트다. 따라서 이성에게 인기가 매우 좋다.

주걱턱

옆에서 얼굴을 봤을 때 턱 끝이 앞으로 튀어나와 보이는 얼굴로, 흔히 '주걱턱'이라고 부르는 턱을 가진 사람은 살집이 적당히 붙어 있을 경우에는 돈을 모으는 재주가 매우 뛰어나 속된 말로 '돈 냄새'를 잘 맡는다고 한다. 금전적으로 매우 풍요로운 생활을 할 수 있으며, 인정이 많은 반면 자신감이 지나쳐 인정 때문에 베풀어 주고 지나친 자신감 때문에 욕을 먹는 경우가 많다.

하지만 주걱턱이면서 살집이 거의 없어 빈약하고 메말라 보이는 사람은 돈 욕심은 많지만, 축재 능력은 부족해 늘 금전 문제로 허덕이며 말년운도 좋지 않고 독선적이다.

시골이 뒤쪽에서 각을 이룬 턱

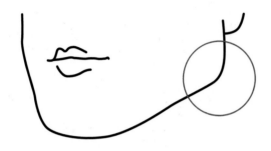

시골은 다른 말로 '악골(顎骨)' 또는 '이골(頤骨)'이라고 부르는데 귀 아래, 턱의 뒷부분에 해당하는 부위를 가리킨다.

이곳이 귀 바로 아래에서 각을 이루고 있어 턱이 전체적으로 넓어 보이는 사람은 의지력과 인내심, 추진력이 강해 남성적이며 감정적이다. 따라서 목표를 세우면 달성하기 위해 꾸준히 노력해 성공을 거두는 경우가 많지만, 다른 부위의 상이 나쁠 경우에는 폭력적인 성향을 띠게 된다.

시골이 앞쪽에서 각을 이룬 턱

정면에서 봤을 때는 별로 눈에 띄지 않지만, 옆에서 봤을 때 아래쪽으로 시골이 튀어나와 있는 상을 가진 사람은 추진력과 적극성이 중간 정도에 해당하며, 사람을 대할 때 호불호가 분명하다. 이성관계에서도 자신이 원하는 스타일이 거의 정립되어 있기 때문에 눈이 높고 예술 감각이 매우 뛰어나다.

또 스킨십 등의 애정표현도 능숙하지만, 자기 마음에 들지 않는 사람에게는 지나칠 정도로 냉정한 태도를 보이기 때문에 인간관계의 폭은 좁은 편이다.

시골이 없는 턱

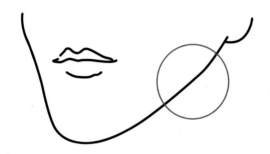

　시골이 거의 없어 보여 귀 아래에서 턱 끝까지 직선으로 연결되어 있는 것처럼 보이는 사람은 의리가 없고 끈기가 약하며 독립심도 결여된 경우가 많다. 늘 누군가에게 의지하지 않으면 스스로 개척하고 살아가는 능력이 매우 부족한 사람이다.

　한편 노력도 하지 않고 당시의 감정에 따라 함부로 움직이기 때문에 인간관계에서 지속적인 교류를 가지기 어렵고, 주변 사람들이 늘 바뀐다.

시골이 곡선을 이루고 있는 턱

얼굴을 비스듬히 옆에서 봤을 때, 귀 아래에서 턱 끝에 걸쳐 부드러운 곡선을 이루고 있는 사람을 가리킨다. 시골이 거의 보이지 않을 정도로 발달이 미숙해도 의리와 신뢰가 없는 흉상으로 보지만, 지나치게 발달해 불거져 보이는 것 역시 좋은 상이라고 보기는 어렵다.

가장 좋은 상은 시골이 있기는 하지만, 그것이 살집으로 감싸여 부드러운 곡선을 그리면서 살짝 감추어져 있는 상이다. 이런 상을 가진 사람은 신뢰와 배려를 상황에 맞게 적절히 조절할 줄 알기 때문에 사람을 다루는 능력이 뛰어나 인기가 많다. 또 창조력과 인내심도 조화를 이루어 안정감 있는 생활을 하는 동시에 경제적으로도 여유 있는 인생을 보낼 수 있다.

귀

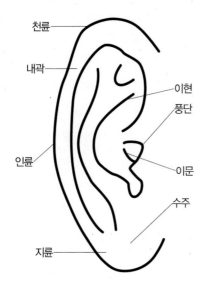

천륜

내곽

이현

풍단

인륜

이문

수주

지륜

　귀는 삼정에서는 중정, 삼재에서는 인재에 해당해 수명과 두뇌, 초년운, 배려심 등을 살펴보는 중요 부위다.

　기본적으로 살집이 두텁고 단단한 느낌을 주면서 큼직하면 수명이 길고 초년운도 좋지만, 지나치게 얇거나 작거나 일그러져 있으면 수명이 짧다고 한다. 귓구멍 역시 큼직한 사람은 머리가 좋고 이상도 크지만, 귓구멍이 너무 작으면 건강이 나쁘기 때문에 역시 수명이 짧다고 판단한다. 신장(腎臟)과 관련이 있기 때문에 귀의 혈색이 좋고 튼튼해야 신장도 좋고 비뇨기 계통의 활동이 원활하다고 본다.

한편 금전운과도 관련이 있는데, 이 역시 크고 풍부할수록 금전운이 좋다고 본다. 일반적으로는 귀의 윗부분이 눈썹을 기준으로 더 올라와 있는 사람은 초년운이 좋고 가족의 사랑을 받는 길상으로 보며, 그 아래로 내려와 있는 사람은 자립심이 강하고 강인한 성격을 가졌다고 판단한다.

한편 귓불은 너그러움과 배려심을 상징하며 어린 시절의 가정환경을 대변하기도 하는데, 귓불이 넓고 클수록 초년운이 좋고 배려심이 있다고 판단한다.

이처럼 귀는 다양한 판단을 하는 재료로 활용되며 '귀가 좋은 사람치고 나쁜 사람 없다'는 식으로 존경과 신뢰의 상징처럼 여겨지는 부위다.

귓불이 큰 귀

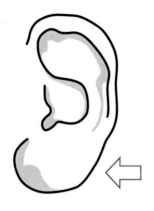

귓불은 관상학에서 '수주(垂珠)'라고 부르는데, 귓불이 큼 직하고 넓으면 기본적으로 말년에 재물운이 좋고 인품이 높 으며 다른 사람의 아픔을 감싸고 이해할 줄 아는 너그러움 을 갖추고 있다고 본다.

또 인내심도 강해서 어디를 가나 대우 받는 대열에 들어 갈 수 있다. 따라서 인간관계에서 정직을 통한 신뢰를 형성 해 늘 고민을 상담해주는 어른스러운 역할을 하며 결혼운도 좋은 편이다.

귓불이 없는 귀

　귓불이 없는 사람은 기본적으로 말년의 재산운은 나쁜 편이고 성격이 예민해서 신경질적이지만, 한 가지 분야에 매진한다면 성공을 거둘 가능성이 높아 연구직이나 학자가 잘 어울린다.

　또 인간관계에서는 사람을 대할 때 자신의 마음에 드는 사람만 가리는 편이지만, 상황에 따른 즉각적인 대응은 매우 빠른 편이고 재치와 기지가 넘친다. 따라서 중년에는 어느 정도 금전적으로 안정을 유지할 수 있지만, 말년에는 그 안정을 지키기 어렵다는 문제가 있다.

귓구멍 아래쪽이 넓은 귀

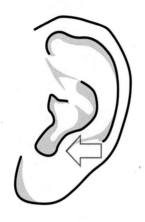

귓구멍 입구에 튀어나와 있는 작은 살집이 있는데, 관상학에서는 이것을 '풍문(風門)'이라고 부른다. 풍문 아랫부분이 넓은 귀를 가진 사람은 다른 사람의 이야기를 잘 헤아려 듣는 능력, 즉 경청하는 능력이 뛰어나 정보수집에 강하고 그 덕분에 일찍 성공에 다가갈 수 있다.

가능하면 입은 닫고 귀는 열어야 얻는 것이 많다. 귀를 닫으면 정보를 얻을 수 없고 자신만의 아집에서 벗어나기 어렵기 때문이다. 따라서 이런 귀를 가진 사람은 상대방에 대한 이해심이 좋고 인간관계도 매우 좋은 편이다.

귓구멍 아래쪽이 좁은 귀

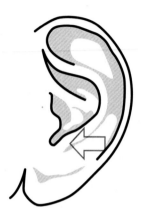

　귓구멍 아래, 즉 풍문 아래의 구멍이 좁은 사람은 일단 다른 사람의 말을 경청하지 않는 사람이다. 다시 말해, 아집이 강하고 독선적이라는 뜻으로 그만큼 상대방을 이해하는 마음이 부족하기 때문에 이기적이고 독선적인 경향을 띤다.

　또 다른 사람의 말을 통한 정보가 들어오지 않기 때문에 상식이나 교양이 부족한 경우가 많고, 상황이나 환경을 이해하는 능력도 부족하다.

내곽이 튀어나온 귀

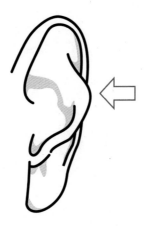

　귀는 거의 연골로 이루어져 있는데, 자세히 살펴보면 바깥 테두리와 그 안쪽에 또 하나의 테두리가 있음을 알 수 있다. 관상학에서는 그 바깥쪽 테두리를 '외륜(外輪)'이라 부르고, 안쪽 테두리를 '내곽(內廓)'이라 부른다.

　그런데 내곽이 외륜보다 더 튀어나와 보이는 사람은 적극적이고 자기주장이 강하며, 다른 사람에게 지는 것을 싫어하고 매우 활발한 성격이다.

외륜이 내곽을 감싸고 있는 귀

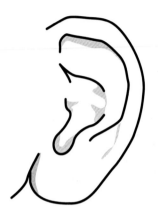

외륜이 큼직하게 곡선을 그리며 내곽을 감싸고 있는 귀를 가진 사람은 대부분 소극적이며 내성적인 성격을 가진 경우가 많다. 가능하면 현재의 생활에 안주하려 하고 도전 욕구나 모험심이 부족하지만, 맡은 일은 성실하게 수행해 나가는 이른바 모범생 타입이다.

이런 귀를 가진 사람은 어린 시절에 따뜻한 집안에서 사랑을 받고 자랐을 가능성이 매우 높고, 운세가 좋아 기본 이상의 인생을 보낼 수 있으며 늘 주변 사람들의 따뜻한 사랑을 받으며 살 수 있다.

외륜의 폭이 좁고 얄팍한 귀

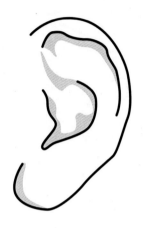

외륜은 귀 자체를 보호하는 성곽과 같은 것이고, 내곽은 집의 대문과 같은 것이다. 그런데 외륜이 얇아서 폭이 좁고 얄팍해 보이는 귀를 가진 사람은 성곽과 대문이 튼튼하지 못하다는 의미이므로 다른 사람의 말에 쉽게 흔들리고 이리저리 끌려 다니는 인생을 보낼 가능성이 높다.

이런 귀를 갖고 있으면서 귓불이 잘 형성되어 있는 경우에는 노력을 통한 결실을 거두어 기본 이상의 생활을 할 수는 있지만, 귓불이 없다면 힘든 인생을 보내야 하는 빈천한 상으로 본다.

일그러진 귀

귀는 외륜이 부드럽게 곡선을 이루고 있고 내곽이 그 안에 살짝 감추어진 듯 보여야 하는데, 외륜이 찌그러져 있거나 비틀려 있는 등 변형된 모습을 보이거나 내곽 역시 그런 모습을 보이는 사람은 인생에 굴곡이 매우 심해 안정된 생활을 누리기 어려운 빈천상이다.

이런 사람은 어린 시절에 따뜻한 가정에서 자랐다고 보기 어렵고, 성인이 된 이후에도 인생에 변화가 많기 때문에 늘 그 변화에 맞추는 데 급급해 자신이 원하는 인생을 보내기는 어렵다.

긴 귀

　귀의 길이는 수명과 깊은 관련이 있다. 길수록 수명이 길다고 본다. 또 귀가 길고 형태도 잘 갖추어져 있는 사람은 장수할 뿐 아니라 나이를 먹어도 총명함을 잃지 않고, 배려심과 이해심이 잘 갖추어져 있어 주변 사람들로부터 존경을 받는다. 기본적으로 인품이 너그럽고 겸손하며 입에 좋은 말만 담기 때문에 주변에 사람이 끊이지 않는다.

좌우로 활짝 펼쳐진 귀

　정면에서 봤을 때 마치 부채를 편 것처럼 귀가 좌우로 활짝 펼쳐져 있는 사람은 성격이 세심하고 밝아서 창조력이 뛰어나고 주변 사람들을 즐겁게 해주는 능력이 있다. 정보와 소리에도 민감해 그 정보력을 성공의 발판으로 삼으며, 음감을 활용해 예술인이 되는 경우도 많다.

　다만 신경이 너무 예민한 탓에 자신의 입장만을 생각하는 경우가 있어 오해를 받는 경우가 있고, 끈기가 부족하기 때문에 변화가 없는 일에는 어울리지 않는다.

달라붙은 귀

귀가 얼굴에 거의 달라붙은 것처럼 보이는 사람은 감각이 매우 뛰어난 편이고, 돌다리도 두드려보고 건너는 식으로 신중함을 갖추고 있다. 따라서 실수가 거의 없지만 너무 신중한 탓에 상대방을 답답하게 만드는 경우가 많고, 가끔은 자신의 생각에만 의지해 일을 처리하기 때문에 독선적이라는 말을 듣기도 한다.

인간관계에서도 신중함이 작용해 쉽게 사람을 사귀지 못하는 성격이지만, 일단 신뢰를 하게 되면 의리는 매우 강하다. 금전운은 기본 이상은 된다.

프랑스엔 〈크세주〉, 일본엔 〈이와나미 문고〉, 한국에는 〈살림지식총서〉가 있습니다.

📖 전자책 | 🔍 큰글자 | 🔊 오디오북

관상(觀相) 인간 이해의 첫걸음

펴낸날	초판 1쇄 2014년 5월 19일
	초판 2쇄 2023년 3월 23일

지은이	이태룡
펴낸이	심만수
펴낸곳	(주)살림출판사
출판등록	1989년 11월 1일 제9-210호

주소	경기도 파주시 광인사길 30
전화	031-955-1350 팩스 031-624-1356
홈페이지	http://www.sallimbooks.com
이메일	book@sallimbooks.com

ISBN	978-89-522-2874-1 04080
	978-89-522-0096-9 04080 (세트)

※ 값은 뒤표지에 있습니다.
※ 잘못 만들어진 책은 구입하신 서점에서 바꾸어 드립니다.